어떻게 미래 인재로 키울 것인가?

어떻게 미래 인재로 키울 것인가?

4차 산업혁명 시대와 AI 시대를 이기는 특별한 자녀교육법!

주기곤 지음

아이의 역량은 가정교육으로 만들어진다

"선생님, 저 합격했어요!"

가르쳤던 학생에게서 온 카톡 메시지에 너무 기뻤다. 다른 학생들도 차례대로 합격의 기쁜 소식을 전해왔다. 이들은 7세 때부터 지도했던 '스타반' 학생들이었다. '피그말리온 효과'에 기대어 미래의 별이 되라는 의미에서 붙인 이름이었다. 학생 대부분이 교대나 사범대학의 교육학과나 영어 전공을 지원했기 때문에 어학원 원장으로서 이들에게 많은 영향을 미친 것 같아 흐뭇했다.

이들에게는 창의적 토론과 발표 위주의 수업을 진행했고, 사고를 자극하는 교재를 선정하느라 늘 고심했다. 중학교 때부터 영어로 말하도록 하고, 영어 일기와 에세이를 쓰도록 해 사고력을 기르도록 했다.

또한 일 년에 두 차례씩 자체 영어 말하기 대회를 개최했고, 외부의 영어 말하기 대회에도 내보내 영어 스피치에 자신감을 갖도록 했다. 그뿐 아니라 논리력과 사고력 증진을 위해 비문학 독해 프로그램도 진행하고, 창의력 개발을 위해 영어 연극과 팝송 부르기 대회 등을 스스로 기획하여 참여하게도 했다. 그러자 학생들의 영어 실력과 창의력은 갈수록 발전했고, 수업 시간에도 자연스레 활발한 토론이 이루어졌다. 지금보다 앞으로가 더 기대되는 학생들이 되어 갔다.

하루는 늦은 시간, 고등학교 1학년 학생이 문을 두드렸다. 어떻게 왔냐고 물었더니 더 늦기 전에 영어를 배우려고 용기를 내서 왔다고 했다. 기본적인 발음(phonics)조차 되지 않아 반에 넣을 수가 없었다. 나는 난색을 표했지만, 학생은 영어를 꼭 배우고 싶다고 했다. 그 당돌함과 용기에 나는 직접 가르치겠다고 했다. 그 후 그 학생은 영어를 기초부터 공부했다. 내신 성적을 평가하는 학교 시험에 개의치 않고 기본기부터 닦았다. 그 학생은 고교 졸업 후 사회복지학과에 합격했다. 이런 당돌한 학생이 나에게 가끔 신선함을 준다.

요즘 들어 개성 강한 학생들이 많아지고 있다. 저마다의 독특한 개성 때문에 수업 관리에 에너지가 많이 소모된다.

하루는 기분 나쁜 일이 있었는지 아니면 선생님의 관심을 끌고 싶었는지, 한 학생이 가방에서 물감을 꺼내 바닥에 뭔가를 그리고 있었다. 막 수업을 마친 선생님이 뭐하냐며 화를 냈다. 하지만 다음 수업을 하기 위해 들어온 선생님은 그 모습에 "크게 될 학생이네"라고 말했다. 이 학생은 국내 대학에서 장학금을 받고 다닌 후 미국 명문 대학 박사 과정에 합격했다.

이십 년 가까이 어학원을 운영하면서 많은 학생들을 가르쳐 명문대를 포함해 의대와 약대 등에 진학시켰다. 하지만 학생들을 지도하면서 마음을 무겁게 하는 것이 있었다. '어떻게 하면 학생들을 잘 지도해서 학부형의 기대만큼 실력을 끌어올릴 것인가' 하는 것이었다. 기초가 부족한 학생들에게는 좀 더 쉽고 창의적인 방법으로 학습 동기와 공부의 재미를 주려 했다.

하지만 이들 중 상당수는 학습 동기가 낮았다. 단기간에 해결할 수 있는 게 아니었다. 결론은 어릴 때 가정교육이 매우 중요하다는 것이었다. 어릴 적 부모님의 관심 아래 호기심을 가지고 공부한 학생은 스펀지가 물을 빨아들이듯 수업 내용도 잘 이해하고 질문도 잘 했다. 하지만 특별한 가정교육 없이 사교육에 의지한 학생들은 수동적이고, 숙제 이상은 하지 않으려 했다. 가정의 DNA, 즉 가정의 그릇이 너무나 중요하다는 것을 뼈저리게 느꼈다.

이 책은 가정에서 어떻게 지도해야 자녀의 역량을 마음껏 펼칠 수 있게 하는가를 다루었다. 이제는 가정에서부터 아이의 '그릇'을 어느 정도 만들어야 한다. 4차 산업혁명과 인공지능 시대에는 기존의 공부 방식으로는 성과를 내기가 어렵다. 가정에서 아이의 그릇을 만들었다 해도 낱말 이해, 단어 암기, 문제 풀이 등과 같은 전통적인 교육 방식만으로는 효과를 거두기가 어렵다. 암기에서 사고로 공부의 방향을 바꾸어야 한다.

부모에게 자녀는 둘도 없는 귀한 보물이다. 이 보물이 빛나게 하려면 부모의 마법이 필요하다. 이 책은 그런 부모들에게 자녀교육에 대한 새로운 방식의 동기를 심어주고, 가정에서 실천할 수 있는 실제적 노하우를 제공하기 위해 집필되었다.

이 책은 총 4장으로 구성되었다. 1장에서는 자녀의 특성을 알아보고, 현재와 미래의 교육을 살펴본다. 왜 가정교육이 중요한지 단서를 찾는 장이라 할 수 있다. 2장은 해외와 국내의 글로벌 혁신 기업들이 찾는 인재상을 교육적 측면에서 살펴본다. 단지 한두 개 역량만으로 미래를 대비하기란 쉽지 않다. 이제는 여러 가지 역량을 골고루 갖추어야 소신껏 재능을 발휘할 수 있을 것이다. 3장은 그러한 역량을 갖추기 위해 어릴 때부터 어떻게 지도하고 코칭해야 할지 가정교육 중심으로 기술하였다. 2장이 목표를 다루었다면, 3장은 과정을 다룬다. 4장은 자녀교육의 테두리가 되는 가정환경에 대해 기술했다. 좋은 가정환경만큼 자녀에게 좋은 영향을 미치는 것은 없기 때문이다.

성공적인 자녀교육은 자녀에게만 잘 하라고 해서 이루어지는 것이 아니다. 무엇보다 가정이, 부모가 잘 해야 한다. 아울러 끝부분에 부모의 자기점검표를 실었다. 반드시 점검해보기 바란다. 모쪼록 이 책이 자녀를 성공적으로 키우고 싶은 부모들에게 조금이나마 도움이 되기를 기대해 본다.

저자 주기곤

Contents

1장

자녀교육,
가정교육이
흔들리고 있다

01

꿈이 없는 아이들, 꿈을 묻지 않는 어른들

학생들에게 종종 꿈을 물어본다. 십여 년 전만 해도 열 명 중 서넛은 자신의 꿈을 자신 있게 말했다. 그런데 요즘은 돌아오는 대답 대부분이 '몰라요', '없어요'다.

한번은 지인 소개로 학원을 방문한 미국인 일행과 학생들이 1시간 동안 대화하는 시간을 가진 적이 있다. 미국인 일행이 던진 첫 번째 질문은 '꿈이 무엇이냐'였고, 두 번째 질문은 '무엇 하기를 좋아하니?'였다. 개인 성취에 관한 다분히 미국적인 질문이었다. 우리의 나이 드신 어른들이라면 어떤 질문을 했을까? 학년이 어떻게 되는지, 공부가 힘들지는 않은지 정도였을 것이다.

아이들이 꿈이 없는 데에는 여러 가지 원인이 있다. 관련 연구에 따르면, 그 첫 번째 이유로는 '아직 하고 싶은 일이 없어서(42%)'였고, 두 번째는 '생각해 보지 않아서(27%)'였다고 한다. 부모 세대와 달리 경제적으로 어렵지 않은 것도 하나의 원인일 수 있다. 가정에서 부모가 자식에게 꿈을 강요하거나 아예 꿈에 대한 이야기를 하지 않은 것도 원인일 수 있다.

　필자를 비롯한 기성세대는 꿈에 대한 질문을 받아본 적이 거의 없다. 가난한 시대에 태어나 먹고사는 데 몰두하다 보니 꿈을 생각할 겨를조차 없었다. 그렇다면 절대빈곤이 사라진 지금은 어떨까? 우리 자녀들은 꿈에 대해 말하는 것을 별로 좋아하지 않는다. 실체가 보이지 않는 먼 미래의 꿈보다는 눈앞의 게임 세계를 더 좋아한다. 어쩌면 도피일 수도 있겠지만, 게임 안에서 가상의 꿈을 즐기는 것이다.

　그러나 그것이 현실의 꿈으로 연결되는 것은 아니다. 오히려 게임에서는 가능했던 꿈이 현실에서 충족되지 않으면 더 힘들 수도 있다. 여기에는 일부 언론의 과장도 한몫을 한다. 꿈을 말할 때 언론에서는 아이들과 동떨어진 이들의 사례에만 초점을 맞춘다. 아이들이 꿈과 거리감을 느끼는 이유다.

　하지만 누가 뭐라 해도 꿈은 마땅히 있어야 한다. 또한 머릿속에 생생하게 그려져야 한다. 이를테면 책상에 붙이고, 외칠 수 있는 것이어야 한다. 그 꿈이 비록 유치원과 초등학교를 거치면서 수십 번 바뀌더라도 부모와 자녀는 그 꿈을 서로 공유하며 이야기를 나누고 소중히 여겨야 한다.

꿈이 현실이 되기까지는 많은 난관이 따르게 마련이다. 당연히 학교 성적도 문제가 된다. 성적과 관련해 부모와 갈등이 심해지면 아이들은 자신의 꿈을 포기한다. 원하는 성적을 얻으면 좋겠지만, 그렇지 않으면 부모와 자녀가 서로를 탓하거나 비난하기도 한다. 특히 의사소통이 어려운 청소년기에는 사소한 것만으로도 부모와 다툰다. 아예 꿈 이야기는 뒷전이 된다.

일반적으로 부모는 초등학생 때까지만 아이의 꿈에 공감한다. 학년이 올라갈수록 부모와 아이는 현실적이 되고, 의견도 갈리게 된다. 그러면 어릴 때 세웠던 꿈은 이제 아이 스스로에게 부담이 되고 만다. 하지만 부모는 그 꿈을 놓지 않으려 한다. 이런 갈등은 수면 아래 있다가 계기를 만나면 수면 위로 떠오른다. 학교 성적이 기대만큼 나오지 않거나 지인의 자녀가 시험을 잘 봤다는 소식이 들리면 한동안 잠잠했던 집안이 시끄러워진다. 한바탕 말싸움을 치르고 나면 부모는 죄책감에, 아이는 상처 입은 자존감에 며칠을 속상해 한다.

과거 십여 년 전만 해도 '부모님이니까 자식 잘 되라고 하는 말이겠지' 하고 이런 상황을 이해하는 자녀들이 많았다. 그러나 요즘은 달라졌다. 자녀들이 자기 목소리를 내기 시작했다. 잘 되고 싶은 욕망과 현실적인 능력 사이에서 자신을 보기 시작한 것이다. '열심히 하면 잘 될거야'에서 '굳이 이렇게 힘들게 해야 해?'로 바뀐 것이다.

자녀와의 싸움에 지친 부모들도 점차 마음을 내려놓기 시작했다. 기대를 내려놓으니 그나마 자녀와 싸움은 덜한다. 그러나 마음 한구석은 무너지는 느낌이다. '그래, 네 인생 잘 되라고 공부하는 거지'라고 말하지만 마음이 편치가 않다. 결국 자식 이기는 부모 없다. 시간이 흐르고 자녀가 진로를 결정할 때가 되면 부모는 눈앞의 현실과 타협할 수밖에 없다.

요즘 아이들에게 미래에 희망하는 직업 중 하나로 '유튜버'가 꼽힌다. 그것도 직업이냐고 묻는 사람이 있다. 더러는 '스타일리스트', '네일 아티스트', '바리스타' 등이 꿈이라고 당당하게 말하는 아이들도 있다. 공무원, 교사, 경찰 등 안정된 직업도 자주 언급된다. 과거 부모들이 열광했던 의사, 판사, 약사 등은 희망 직업 목록에서 사라진 지 오래다.

최근에는 조리, 인터넷, 회계, 관광 등 일찌감치 특성화고로 방향을 정하는 아이들도 많다. 대개 부모는 최대한 소득과 관련된 진로를 자녀에게 추천하지만 자녀는 자신이 하고 싶은 진로를 택한다. 부모와 자녀 간 꿈에 대한 눈높이가 다른 것이다.

그렇다면 아이들에게 어떻게 꿈을 심어주어야 할까? 먼저 주의 깊게 관찰하는 것이 시작이다. 그러고 나서 아이가 잘 하는 것, 좋아하는 것, 잘 한다고 칭찬받는 것을 두고 허심탄회하게 대화하면 된다. 서로 합의가 되었다면 그 꿈을 크게 써서 자녀의 책상 위에 붙이고 상기시킨다.

부모가 자신의 어릴 적 꿈에 대해 말해주는 것도 좋다. "엄마, 아빠도 어릴 때 꿈이 있었어, 그 꿈을 이루려고 노력하다 여기까지 온 거야", "앞으로는 제2의 인생을 위해 이런 꿈을 가지고 살 거야"라는 식의 말을 해준다. 세종대왕 같은 위인들이 지녔던 꿈에 대해 대화를 나누는 것도 좋다.

꿈이 없으면 살아가는 방향이 없는 것이다. 목표의식이 없으면 집중이 안 되고, 공부 효율도 떨어진다. 자녀를 주의 깊게 관찰하면서 꿈을 찾고 키우도록 해주어야 한다. 또한 필요한 정보와 재료 등도 함께 제공해주어야 한다. 이왕이면 현실적인 꿈을 넘어 한 번도 그려보지 않았던 것을 그리도록 해보자. "너희의 미래는 우리 때와는 비교할 수 없이 놀라운 일들이 벌어질 것이기 때문에 너의 꿈도 더 커져야 한다"고 강조해 말해주자.

다름이 경쟁력인 시대가 도래했다

어학원을 운영하면서 해마다 가정의 달 5월이 되면 학생들에게 도형 상담(Graphic Therapy)을 진행하곤 했다. 도형상담은 동그라미, 세모, 네모, S자의 네 가지 도형 중 가장 좋아하는 것을 선택해 세 번을 그리고, 나머지 도형을 각각 한 번씩 그리게 해 도형의 모양, 크기, 위치 등을 보고 기질을 파악하는 상담 기법이다. 동그라미 형은 다혈질로 소통 친화형 기질이고, 네모 형은 우울질 및 보수적 기질이며, 세모 형은 담즙 질로 진취형 기질이고, S자 형은 점액질로 개성형 기질을 가리킨다.

한국인 중 가장 많은 유형은 다혈질인 동그라미 형으로, 의사소통이 뛰어나고 화를 내도 쉽게 풀어지는 기질이다. 나는 십 년 이상 600여 회가 넘는 도형 상담을 진행해 왔다. 그 결과를 보면 동그라미 형이 여전히 많다. 최근 들어 과거에는 10% 내외에 불과했던 S자 형, 즉 개성형 기질이 30% 정도로 상승했다. 기질은 본래 타고난다. 하지만 사회

구조가 바뀌고, 가정에 자녀가 적은 환경에 영향을 받아 개성형 기질이 늘어난 것으로 생각된다.

그런데 의사소통과 관련해 가장 문제가 되는 조합이 있다. 부모 중 한 사람이 네모 형인데, 자녀가 S자 형인 경우다. 엄격한 기질의 부모는 자신이 정한 규칙에 자녀를 가두려는 반면, S자 형인 자녀는 그 규칙을 벗어나려 하기 때문이다. 예를 들어, 부모는 자녀에게 밤 9시까지 집에 돌아오라고 말하지만, 자녀는 친구들과 어울리다 자정 무렵에야 귀가하는 식이다. 이렇게 서로 기질 차이를 알지 못하면 감정이 쌓여 갈등이 생길 수밖에 없다.

정도의 차이는 있겠지만 대부분의 자녀는 S자 형 기질을 가지고 있다. S자 형은 주관이 뚜렷하고, 개성 있으며, 독창적인 아이디어를 내놓는다. 반면 대인관계가 넓지 못하고 여러 가지 일을 동시에 처리하려고 하므로 집중력이 떨어진다는 단점이 있다. 또한 마음에 들지 않으면 부정적이기 쉽고, 주위의 비판도 잘 견디지 못한다. 따라서 S자 형 자녀에게는 개성을 존중해주고, 자기 주도적으로 할 수 있도록 간섭을 최대한 줄이며, 비난보다는 칭찬을 자주 해주는 것이 좋다.

동그라미 형은 의사소통에 강하다. 대부분의 부모는 어느 정도 동그라미 형 기질을 가지고 있다. 또한 동그라미 형 기질은 호기심이 많다. 따라서 동그라미 형 부모와 S자 형 자녀가 만나면 환상의 조합이 될 수 있다. 특히 동그라미 형 부모가 자녀를 주의 깊게 관찰하면서 적절하게 의사소통을 하면 S자 형 자녀는 무한한 잠재력을 발휘할 수 있다. 음악, 미술, 디자인, 연구 등 4차 산업혁명 시대에 필요로 하는 많은 창작물들을 만드는 인재로 키울 수 있다.

우리 자녀들은 저마다 개성을 지닌 존재다. 쌍둥이도 예외는 아니다. 추구하는 목표도 제각각이다. 최근 들어 지적 능력과 예술 감각이 뛰어난 학생들이 크게 늘고 있다. 문제는, 부모는 지적 능력을 활용하는 분야를 선호하는데, 자녀가 예술 분야를 선호할 때 생긴다. 이럴 때는 모든 가능성을 열어놓고 부모와 자녀가 합의할 만한 수준에 이를 때까지 깊이 있는 대화를 해야 한다. 합의가 잘 되지 않을 때는 자녀의 천재성이 더 드러나는 쪽을 선택하는 것이 좋다.

최근에는 자녀 스스로 일찍이 꿈을 결정하는 경향이 두드러지고 있다. 필자가 가르쳤던 학생 C군의 경우, 중학교 2학년 여름에 인터넷 특성화 고등학교의 여름 캠프에서 해커 프로그램 과정을 이수한 뒤 해당 고등학교 해커과에 합격해 자신의 꿈을 향해 나아가고 있다. 또한 K양의 경우에는 중학교 때 조리 특성화 고등학교 선택을 결정해 졸업한 후, 대학의 관련 학과에서 그 꿈을 이어가고 있다. 이처럼 대다수가 선택하는 과정 대신 자신의 관심과 성향에 따라 진로를 결정하는 학생들이 갈수록 늘고 있다.

영화 '에놀라 홈즈'(2020)에서 주인공 에놀라는 "내가 내 길을 결정하지 않으면 남에 의해 내 길을 결정하게 된다"라고 말했다. 철학자 쇼펜하우어(1780~1860)는 "우리는 남과 같아지기 위해서 우리 자신의 4분의

3을 잃어버린다"고 말했다. 스스로 선택하고 결정한다는 것은 자신에 대한 믿음에 기반하며, 이를 통해 성취했을 때 만족감은 배가된다. 아무리 부모라 해도 자녀를 정말 사랑한다면 이런 기회를 가로막거나 방해해서는 안 된다.

학생들에게 살아가면서 가장 힘든 것이 무엇인지 설문조사를 한 적이 있다. 1위가 비교당하는 것이라고 답했다. 자녀건 어른이건 비교당하면 기분 좋을 리 없다. 나를 가장 나답게 하는 것은 내가 가진 것에서 비롯된다. 내게 없는 것으로 비교당하는 것은 결코 공평하지 않다. 지금까지 우리는 지나칠 정도로 평준화된 삶에 집착하고 적응해 왔다. 너무 앞서도 문제, 너무 뒤처져도 문제가 되었다. 그래서일까? 평균치 근처에 있어야 안정되고 안도감을 느낀다.

평균적 통계치를 벗어난 수치를 '아웃라이어(outlier)'라고 한다. 과거에는 이러한 특이한 수치를 관찰 및 측정과정에서 발생한 오류라고 무시했다. 통계학자와 심리학자에게는 이러한 아웃라이어가 좋은 연구 결과를 위해서 제거해야 할 골칫거리였다. 하지만 앞으로 우리는 이 아웃라이어에 주목해야 한다. 평균적으로 생각하지 않고 특이하게 생각하는 아웃라이어가 미래를 이끌 것이기 때문이다. 아웃라이어는 천재적 발상을 가진 사람일 수도 있지만, 한두 가지만 잘 하는 자폐아일 수도 있다. 따라서 이제는 평균이 아니라 무언가 차이점을 만들어내는 특이성에 주목하는 교육이 활성화되어야 한다.

유대인 가정은 남보다 앞서기보다는 남과 다르게 되라고 가르친다. 다른 아이와의 차이점을 소중히 여기는 것이다. 유대인 부모는 자기 자녀가 다른 아이와 어떤 점이 다른지 발견하여 그것을 키우기 위해 최선을 다한다. 자녀의 두뇌나 지적 능력이 아니라 개성을 비교한다. 자녀들을 똑같은 인격체가 아니라 전혀 다른 인격체로 길러내려 한다. 그렇기 때문에 형과 아우를 비교하지 않는다. 친구 집에 놀러 보낼 때도 함께 보내지 않고 따로따로 보낸다. 각자 자신의 흥미대로 다른 세계를 흡수하는 것이 훨씬 낫다고 생각하기 때문이다.

경쟁은 같은 분야에서 남보다 앞서려는 것을 말한다. 반면에 차별화는 남과 다른 것을 가지고 승부하는 것이다. 이제는 아이들의 차별점에 주목하여 그것을 장점으로 만드는 데 아낌없는 지원을 해주어야 한다. 그래야 험난한 세상, 급변하는 세상에서 아이들이 자존감과 주인의식을 가지고 자신 있게 자신의 미래를 개척해나갈 수 있을 것이다.

미래에는 속도보다 방향과 관점이 중요해진다

독일의 문호 괴테(1749~1832)는 "인생은 속도보다 방향이다"라고 말했다. 목적 없이 그저 바쁘게 사는 삶을 경계하는 의미를 담고 있다. 인생을 돌아보면 정신없이 바쁘게 살아온 사람들이 대다수일 것이다. 어쩌면 인생 자체가 우리를 바쁘게 만들었을지도 모른다. 계절이 바뀌고 아이들이 성장할수록 더 열심히 경제생활을 하고, 집 장만도 하며, 노후도 준비했을 것이다.

인생 후반에 이르러 이제껏 내 삶의 방향이 제대로 되었는지 돌아보게 된다. 지금 보니 항상 바쁘게 살았는데도 별로 이룬 게 없는 사람이 있는가 하면, 젊었을 때는 두각을 나타내지 않던 친구가 중년이 넘어 부러움을 사는 경우도 있다. 어떤 경우에는 사업에 실패하여 노년에 경제적으로 힘든 상황에 빠진 사람도 있다.

과거 우리는 공부할 때에도 속도 경쟁을 했었다. 누가 단어를 더 많이 외우는지, 누가 수학 문제를 빠른 시간 내에 푸느냐를 가지고 시합을 했었다. 모든 것에 그러한 잣대를 들이대고, 그 평가에 따라 순위가 매겨졌다. 살아가면서 그런대로 방향을 정하기도 쉬웠다. 방향을 제대로 잡지 못하면 다른 사람들을 따라가면 되었다. 그것이 크게 잘못된 일도 아니었고, 궁극적으로 보면 잘못되지도 않았었다.

그러나 이제는 시대가 바뀌었다. 그런 방식으로 살아서는 경쟁력이 없다. 세상이 너무나 빠르게 돌아가고 있기 때문이다. 저만치 앞서 가는 사람을 따라가다 보면 길이 사라지거나 뾰족한 대책이 나오지 않는 경우도 많다. 앞으로 계속 가야 하는지, 방향을 돌려야 할지 수없이 난감한 상황에 직면할 수밖에 없다.

오래전 작은 매형이 살던 영암에서, 험한 바위로 유명한 월출산을 오른 적이 있다. 길이 눈에 들어와 별 문제 없으리라 생각하고 올라가기 시작했다. 중간쯤 갔을 때였다. 뱀을 잡아 망태에 담고 하산하는 일행을 만났다. 그들은 "어, 이쪽부터는 길이 없는데, 내려가는 게 좋아요"라고 말했다.

당황스러웠지만 이대로 내려가는 것이 자존심 상해 수풀을 헤치고 나아갔다. 직감적으로 냇가 쪽이 낫겠다는 생각이 들었다. 그러나 냇가의 물은 거의 말라 있었고, 크고 작은 바위들만 눈에 띌 뿐이었다. 냇가를 뒤로 한 채 바위를 한두 개씩 타고 계속 올라갔다. 저만치 산등성이가 보였다. 이제 됐다고 안도하는 순간. 저쪽 큰 바위 근처에서 '으르렁' 하는 소리가 들렸다. 머리카락이 바짝 곤두섰다. 과거 월출산에 호랑이가 출몰했다는 얘기를 익히 들어 알고 있었다. 호랑이를 떠올리니 온몸이 오싹했다.

순간 몸을 돌려 빠르게 내달리기 시작했다. 몇 마리의 뱀들이 발 옆을 스쳐 지나갔다. 독사인가 싶어 또 정신이 아찔했다. 사력을 다해 달려 올라가니 산등성이 바로 앞으로 '출입금지'라는 팻말이 보였다. 산등성이로 들어서자 다시 등산로가 나타나고 사람들이 보이기 시작했다. 나는 그제서야 안도의 한숨을 쉴 수 있었다.

이처럼 우리에게는 가지 말아야 할 출입금지 구역도 있다. 삶의 방향을 잡는다는 것은 배의 키를 잡는 것에 비유할 수 있다. 삶의 방향을 제대로 잡지 못한 채 속도만 내다보면 엉뚱한 곳에 이르거나 좌초할 수도 있다. 따라서 마냥 속도만 내려고 할 게 아니라 방향을 가리키는 나침반도 자주 들여다보아야 한다.

최근 들어서는 나침반을 들여다보는 것에서 벗어나 새로운 길, 새로운 항로를 개척하는 사람들도 자주 등장하고 있다. 그들은 나침반이 가리키는 방향과 전혀 다른 새로운 곳으로 가는데도 좋은 성과와 결과를 가져오고 있다. 그리고 그들은 그 길로 전 세계 사람들을 안내하고 있다. 물론 그 길도 언젠가는 지워지고 또 다른 길이 만들어질 것이다.

그렇다면 어떻게 해야 자녀를 새롭고 혁신적인 길로 나아가게 할 수 있을까? 새로운 길을 모색하려면 무엇보다도 사물이나 사건을 새로운 시각에서 해석하는 관점이 필요하다. 관점은 영어로 'perspective'다. per

는 '~을 통해서', spec은 '보다'로, 관점은 곧 '~을 통해서 보다'라는 뜻이다. 무엇을 통해서 보느냐에 따라 사물과 사건의 본질과 특성이 다르게 보이고 해석된다.

관점은 '원근법'으로도 해석된다. 사물을 멀리서 보는 것과 가까이서 보는 것은 그 느낌이 완전히 다르다. 가령, 자녀에게 책을 처음 읽을 때는 내용을 전체적으로 파악해서 읽게 하고, 두 번째 읽을 때는 단어와 단어와의 관계 등을 생각하면서 읽게 해보라. 그러면 읽을 때마다 이해도가 달라진다.

요즘 들어 개성 있는 아이들이 늘어나고 있지만, 다양하고 참신한 관점을 지닌 아이들은 찾아보기 쉽지 않은 게 현실이다. 아이들의 생각을 가두는 어른들이 문제의 원인일 수 있다. 하지만 이제는 현재가 아닌 미래를 살아갈 자녀들을 다양한 관점을 지닌 아이로 키워야만 한다. 다소 엉뚱할 때는 그것이 창의적인 생각에서 나온 것인지 판별해 참신한 관점에서 비롯된 것이라면 적극적으로 지지하고 격려해야 한다.

무엇보다 부모가 먼저 다양한 관점을 가지려는 노력이 필요하다. 부모가 다양한 관점을 가져야 아이도 그럴 수가 있다. 따라서 세상사 모든 것을 한 방향의 경직된 시선으로 볼 것이 아니라 자녀와 함께 다양한 각도에서 주의 깊게 관찰하고 이야기를 나누는 부모가 되어야 할 것이다.

04
표준화된 교육 대신 사고하는 교육이 필요하다

학교 교육을 바꿔야 한다는 외침이 소위 교육전문가들의 책과 강연, 인터뷰 등을 통해 수십 년 전부터 수없이 거론되어 왔다. 교육개혁이 나아가야 할 큰 방향으로는 사고력을 증진하는 토론 수업, 주관식 서술형 문제의 도입, 문과와 이과의 통합 등이 제시되었다. 하지만 현실적으로 이것이 반영되었다고 체감하기가 거의 어려웠다. 피부로 느껴지는 것이 거의 없었기 때문이다.

그 와중에 2021년 반가운 소식이 들려왔다. 마침내 우리나라에서도 기존의 국내 교육 시스템과는 전혀 다른 국제 바칼로레아(IB, International Baccalaureate) 과정을 도입한 학교가 등장했다는 것이다. 그것도 사립 명문학교가 아닌, 국공립 초등학교와 중학교가 이 과정을 국내 최초로 도입하여 인증을 받은 것이다. 경북대학교 사범대학부속 초·중학교가 바로 그곳이다. 코로나 바이러스 유행 이후 교육계 최고의 선물이 아닐 수 없다.

일본의 경우 이미 2013년 6월, 150년 만에 조용한 교육혁명이 일어났다. 이를 두고 일부에서는 '제2의 메이지 유신'이라고 칭했다. 당시 일본 교육혁명의 핵심은 2020년까지 입시교육을 폐지하고 공교육에 국제 바칼로레아를 도입한다는 것이었다. 시기적으로는 일본이 우리나라보다 8년이 빨랐다. 우리나라는 이제야 학교 한 곳이 시작했는데, 일본은 모든 공교육 기관에서 진행하고 있는 것이다. 앞으로 일본이 교육 분야에서 우리나라와 어떤 차이를 보일지 귀추가 주목된다.

교육과 관련된 글을 읽다가 우리나라만 암기교육을 하는 줄 알았는데, 미국도 암기교육을 했다는 사실에 깜짝 놀란 적이 있다. 1960년대 미국 상황이지만, 우리나라 교육과 너무 닮아 있었다.

애플 부사장을 지낸 존 카우치(John Couch)는 자신의 어린 시절을 다음과 같이 회상했다.

"표준화된 테스트를 통해 얼마나 똑똑한지가 갈리고 판단되고 레벨링이 되어 분류되고, 그런 바탕 위에 잘될 아이일지 실패할 아이일지 미래까지 예측되었다. 수업 시간에는 책상에 얌전히 앉아 있어야 했고, 암기하는 것이 좋은 점수를 받는 방법이었다. 초등학교 때는 그래도 나름대로 선생님의 교육 방법에 따라 재미있고 생생할 정도로 기억이 잘 되었다. 그러나 중학교에 가서는 상황이 완전히 달라졌다. 초등학교 때의 '재미'가 이제는 '일'이 되어 버렸다. 초등학교 때는 그래도 활기 있고 열정이 있었지만, 중학교에 와서 학습은 가치가 있거나 좋아하는 것들이 아니었다. 우리는 둘러싼 세계를 스스로 탐험하기보다는 그저 받아들이라고, 협력하기보다는 서로 경쟁하기를, 발견하기보다는 암기하기를 요구받았다. 초등학교 때는 좀 다르게 행동하면 '너는 독특해서 그래'라고 하던 것이, 이제는 '오직 점수'로 평가되었다. 초등학교 때는 일 처리를 좀 다르게 하면 '창의적'이라고 불리던 것이, 중학교 때는 '너는 좀 이상하게 일하려고 하네'로 바뀌었다. 공부가 더 이상 '보상'이 아니라 '지루함'이 되어 버렸다."

존 카우치는 이것을 '비교육인 교육게임'(de-education game)으로 칭했다. 그렇게 학생들은 이 게임에 익숙해져 갔다. 내신 점수, 성적, 레벨, 더 높은 레벨, 경쟁, 졸업생, 실패자, 중퇴자 등의 단어에도 익숙해져 갔다. 초등학교 때는 그렇게 공부 잘 하던 아이들이 많았는데, 중학교 때는 교재가 그렇게 복잡하지도 않은데 왜 많은 학생이 힘들어하고 점차 점수가 떨어지는지 그는 공부하는 내내 의아해 했다.

그때 미국의 중학교는 '어떻게 생각해야 할지'보다는 '무엇을 생각할지'를 가르쳤다. 그리고 거의 모든 과정에서 끊임없는 암기가 계속되었다. 그 후 계속 강의 받아쓰기 등만 하다가 대학 3학년 기말고사 때 시험 문제로 '자유로운 공간에서 팽이의 움직임을 설명하시오'를 접했다고 한다. 결국 대부분의 학생들은 시험지를 한참 노려보다가 나중에는 구겨버린 후 휴지통에 던져버리고 강의실을 나가 버렸다. 이때의 일은 존 카우치에게 인생의 전환점을 가져다준 사건이 되었다.

필자는 아이들을 가르치면서 교육이 '암기가 아니라 어떻게 생각하는지를 가르치는 것'이라는 것을 비로소 깨달았다. 초·중등학교 교재가 비슷한 난이도로 올라간다 해도, 암기식이 중학교 때 효과적이지 않는 것은 나름대로 이유가 있었다. 중학교 때는 학생 개개인의 가치관과 삶이 교재와 호응하지 않기 때문이었다.

교재를 학생 삶과 유기적으로 연계하기란 사실 쉽지 않다. 교재 내용이 다소 어렵게 올라간다 해도 가르치는 선생님은 교안을 최대한 학생들의 생각에 맞추어야 하기 때문이다.

나는 어학원에서 최대한 생각하는 수업을 진행하려고 노력했다. 온라인 수업을 하더라도 개인별로 5분에서 10분 정도는 반드시 배운 것의 개념에 대해 물었다. 'To부정사가 뭐야?', '어떤 경우에 To부정사를 쓰지?', 'To부정사를 왜 그렇게 쓴 거야?'라는 질문을 던졌다. 학생이 생각하면서 답하도록 한 것이다.

그런데 문제는 시험 기간이었다. 아무리 창의적인 수업과 토론식 수업을 해도 시험 기간이 임박하면 모든 것을 중지하고 문제 풀이에 집중해야 했다. 초등학교 때는 창의적인 수업에 호응을 보이던 학생들도 중학생이 되면 시험 준비만으로도 힘든데 왜 그런 걸 알아야 하느냐며 따지기도 했다. 명사적 용법, 형용사적 용법 등과 같이 본론만 배우고, 문제를 많이 풀어보자며 먼저 제안하기도 했다.

이런 태도에 학생들을 가르치는 입장에서는 기분이 상했다. 하지만 스스로 합리화할 수밖에 없었다. 그 명분이란 것은 '그래 점수 잘 맞으면 되는 거지, 근본적인 내용까지 가르칠 필요는 없지', '학문의 기초를 잘 쌓은 공부 잘 하는 아이들도 한두 개는 틀릴 수 있어. 학생들을 실망시키면 안 돼', '영어 실력과 영어 점수는 별개야', '점수는 영원히 남는 법. 실력이 좀 부족하면 보충하면 되지' 등이었다. 학생과 학부모님들에게 인정을 받으려면 기출 문제 풀이, 문법 풀이, 오답 정리, 예상 문제 풀이 등으로 좋은 점수를 얻도록 해야 했다. 점수가 높으면 모두가 만족했다. 하지만 그럴수록 심혈을 기울이던 창의적인 수업과 토론식 수업은 갈수록 멀어져만 갔다.

'그래, 학생들은 역시 점수가 잘 나와야 해'라고 타협하면 창의적인 수업과 토론식 수업은 표준화된 시험과 평가, 점수에 대한 기대감에 막혀 튼튼한 뿌리를 내리지 못하고 시들 수밖에 없다. 그러다가 금세 안개처럼 저멀리 사라지고 만다.

중학교 때까지 창의력이 매우 뛰어났던 학생이 암기 위주의 수업을 견디지 못하고 고등학교 1학년 초에 방황하는 모습을 본 적이 있다. 마음속으로는 '아, 저 애가 저런 점수(?) 나올 애가 아닌데' 하면서 안타까워했던 기억이 있다. 이렇듯 사고력을 키우는 창의적인 수업과 토론식 수업이 알을 깨고 부화하기에는 그 알의 두께가 여전히 두꺼운 게 현실이다.

공부를 잘 하기 위해서는 무엇보다도 동기부여가 중요하다. 동기부여에는 스스로 잘 해야겠다는 내재적 동기와 점수를 잘 올리려는 외재적 동기가 있다. 시험 압박이 없는 초등학교 때는 내재적 동기가 강해 창의적인 수업과 토론식 수업이 가능하다. 하지만 중학교 때부터는 내재적 동기보다 외재적 동기가 더 크게 작용한다. 이 때문에 성적이 우수한 상위층 학생은 동기부여가 강화되어 더 좋은 점수를 내는 선순환을 보이는 반면, 그렇지 않은 학생은 낮은 점수와 낮은 동기부여의 악순환이 반복된다.

문제는 이것이 단기간에 해결되지 않는다는 것이다. 그럼에도 불구하고 부모들은 조바심을 내고, 학원은 응급 처치식으로 점수를 올린다. 결국 내적 동기부여가 지속되지 않는 한 이러한 상황은 지속될 수밖에 없다.

이런 문제를 근본적으로 해결하기 위해서는 가정에서 어릴 때부터 내재적 동기를 유발해야 한다. 중학생이 되었다고 안 되는 것은 아니다. 학교에서 외면당하고 학원에서도 인정받지 못하는 자녀들을 가정에서 다시 보듬어 처방전을 제시해야 한다. 또한 교육 시스템은 물론 학교나 학원도 표준화된 시험과 점수에 대한 강박에서 벗어나야 한다. 아이들의 자존감에 상처주지 않는 개인별 맞춤형 교육에 더 많은 시간과 공을 들여야 한다.

인성과 창의력을 교육의 두 축으로 세우자

　한 설문 조사에서 80%가 가정교육이 제대로 이루어지지 않는다고 답했다고 한다. 가정교육이 소홀한 이유로는 입시 위주의 교육 현실이 40.9%로 가장 높았고, 부모의 이혼 등 가족해체 현상이 24.9%로 그 뒤를 이었다고 한다. 이 정도면 가정에서의 교육은 거의 없는 수준이라고 할 수 있다. 가정교육이 힘든 이유로는 양육비 부담과 맞벌이로 인한 자녀와의 대화 부족을 꼽았다고 한다.

　그렇다면 가정교육과 자녀교육의 차이는 무엇일까? 우리는 이 둘은 종종 혼용해서 사용한다. 가정교육은 주로 성품과 인성 위주의 교육을, 자녀교육은 입시 위주의 교육을 다룰 때 자주 쓰인다. 예를 들어 한 아이가 사고를 치거나 도를 넘는 행동을 하면 '저 아이는 가정교육을 못 받아서 그래'라고 하는 반면, 좋은 대학에 진학했을 때는 '저 집은 자녀교육을 잘 했어'라고 말한다. 하지만 이 말을 들으면 왠지 모르게 '가정'

과 '자녀'가 분리된 느낌이 든다.

최근 들어 아이들이 하루 종일 학원을 순례하는 것을 자주 본다. 아이들이 학교나 입시 기관에 맡겨지고, 가정은 그저 밥 먹고 잠만 자는 장소가 되어가고 있다. 부모와 자녀 간에 간극이 생기게 된 이유다. 그렇다 보니 공부를 멀리한다고, 성적이 떨어졌다고 부모가 혼을 내면 자녀는 쌓인 불만을 표출해 가출을 하거나 학교 폭력의 가해자가 되는 경우까지 일어나고 있다.

많은 이들이 가정교육과 자녀교육의 표본으로 유대인의 교육 방식을 꼽는다. 그 때문일까? 최근 우리나라에서도 하부르타와 같은 유대인의 교육 방식이 큰 인기를 끌고 있다.

유대인은 신앙 중심의 정체성 교육을 중시한다. 그들은 모세의 오경(五經)인 토라(Torah)를 기본으로 학습하고, 열린 마음으로 성경에 관해 끊임없이 질문하고 토론하며, 그밖의 것에 대해서도 의문을 품고 질문한다. 모기처럼 필요하지 않을 듯한 곤충을 하나님은 왜 창조했는지, 가축을 몰고 나갈 때 왜 염소가 앞에 서고 양이 뒤에 서는지 등에 대해서도 토론을 통해 답을 찾으려 한다. 이런 과정을 거치면서 유태인의 자녀들은 상상력, 창의력, 문제해결 능력을 키운다.

미국 뉴욕에 위치한 예시바대학교(Yeshiva University)는 토라를 공부하는 유대인 종교학교다. 그 학교 학생들의 인터넷 동영상을 보면 수업 시간에 두 명이 짝을 이뤄 싸우듯이 크게 말하는 것을 볼 수 있는데, 이는 상대방의 말을 듣고 자신의 의견을 주장하며 토론을 하는 것이다. 이렇 듯 질문과 대답이 꼬리에 꼬리를 물면서 대화의 폭은 넓어지고 깊이는 깊어진다. 이것이 바로 나이, 계급, 성별 등에 관계없이 두 명이 한 조를 이루어 대화를 하는 하브루타(Havruta) 수업이다. 그들은 토라의 한 구절에서 시작해 정치, 경제, 사회, 역사 등 모든 영역까지 토론을 확장하고, 그날 결론을 맺지 못하면 후에 계속 이어나간다.

유대인은 밥상 교육으로도 유명하다. 그들은 식사 후에 가족이 함께 성경을 읽는다. 부모가 성경에 관한 질문을 던지면, 자녀들은 답을 한다. 이런 교육 때문에 유대인에게서 세대 간 갈등은 찾아보기가 힘들다. 부모님에 대한 공경을 강조하다 보니 부모의 말이 재미없다느니, 잔소리라느니 하는 말이 나오지 않는다.

오래전 이라크로 해외 출장을 간 적이 있다. 탑승한 비행기 안에서 한 살이 안 된 갓난아이를 안고 있던 유대인 엄마와 자리를 함께했다. 비행 시간은 여섯 시간이 넘었다. 유태인 엄마는 식사 시간을 제외하고는 작은 성경책을 꺼내 갓난아이에게 계속해서 중얼중얼 읽어주었다. 갓난아이가 알아듣지 못해도 자녀교육은 이렇게 해야 한다는 것을 몸소 보여주는 것 같았다.

유대인은 가정뿐 아니라 학교에서도 신앙을 교육한다. 그래서일까? 가정교육과 자녀교육에서 좀처럼 큰 혼란을 겪지 않는다. 삶이 신앙이고, 삶이 교육이고, 삶이 학문이 되기 때문이다.

필자는 유대인에게서 또 하나 흥미로운 것을 발견했다. 기독교인이라면 누구나 십계명에서 1~4계명은 하나님에 대한 것이고, 6~10계명은 이웃과의 관계에 대한 내용이라고 생각한다. 필자는 '아, 한 명이라도 더 이웃을 염려하시는 하나님이 정말 멋지다'고 생각했다.

그러나 히브리인의 사고는 이와 달랐다. 십계명을 두 개의 돌판으로 나눌 때, 제5계명인 '네 부모를 공경하라'는 1~4계명과 같은 쪽에 놓여 있었다. 부모님을 하나님과 비슷한 관계로 설정하고 있었던 것이다. 이를 나타내듯 히브리어에서 공경은 '카바드'로, 하나님을 경외하라는 것과 같은 단어이다. 이처럼 유대인은 부모에 대한 공경을 인성 교육의 밑바탕이자 으뜸으로 여긴다. 부모와 자식 간 갈등이 적지 않은 우리나라에 시사하는 바가 크다 하겠다.

필자의 아내는 이스라엘을 다녀온 적이 없다. 하지만 유대인의 교육 방법에 관한 책을 몇 권 읽더니 그것을 본보기로 가정교육을 시작했다. 당시 아내는 아이를 낳고 키우던 중 전 직장의 사장님으로부터 다시 함께 일해보지 않겠느냐는 제안을 받은 상태였다. 아내는 "일보다 더 귀한 자식을 잘 키우겠습니다"라며 제안을 정중히 거절했다.

그러더니 아이들 교육을 위해 가장 먼저 집의 거실을 새롭게 꾸몄다. 아이들 눈에 가장 잘 띄는 곳에 책을 진열한 것이다. 그리고 아이들과 매일 성경을 읽고, 하루 한 구절씩 암기했다. 또한 나머지 시간은 아이들과 함께 책을 읽고, 찰흙 놀이 등과 같은 창의적인 게임과 그림 그리기를 하며 보냈다. 딸에게는 피아노를 배우게 하고, 아들에게는 태권도를 배우게 했다. 출장을 자주 다니는 아빠 때문인지 아이들에게 영어를 일찍 가르쳤다.

그중에서도 아이들은 특히 책 읽기를 좋아했다. 그래서인지 아내는 아이들을 시내 백화점으로 데려가서 분수대에서 물을 맞으며 놀게 한 후, 서점으로 데려가서 1시간 정도 책을 읽는 시간을 주었다. 그 사이 쇼핑을 한 후 아이들의 책 읽기가 끝나면 햄버거를 사주었다. 나중에 백화점에 가자고 하면 햄버거가 먹고 싶은 아이들은 그렇게 좋아할 수가 없었다.

방과 후나 주말이면 가까운 산으로 데려가서 자연과 대화를 시켰다. 아름다운 꽃을 보며 "애, 너는 어쩜 이렇게 예쁘니?"라고 말하도록 했다. 한번은 거미를 보고 아이들이 기겁한 일이 있었다. 그러자 아내는 "애, 너는 왜 우리를 그렇게 무섭게 하는 거니?"라며 아이들의 두려움을 친숙함으로 바꿔주었다. 자연과 대화할 때는 '어떻게'와 '왜' 등으로 지적 자극을 주기도 했다. 감정과 정서를 학습과 연결한 것이다.

필자가 남산 근처에 있는 직장을 다닐 때였다. 아내는 아이들을 남산으로 데려가서 자연과 대화를 시켰다. 또한 시내의 대형 서점에 들러 책을 보게 한 후, 한두 권씩 사주고 지하철 안에서도 읽도록 했다. 아이들이 게임을 하고 싶어 할 때는 먼저 영어 단어를 일정 분량 외우게 한 후 모두 암기하면 그에 따른 보상으로 컴퓨터를 내주었다. 그때 외운 영어 단어는 아이들이 장거리 여행을 떠날 때 영어 단어 끝말잇기 게임을 하는 데 활용되었다.

유대인 교육이 물론 만능은 아닐 것이다. 하지만 아내는 적절하게 그 방식들을 응용하여 아이들을 교육했다. 시각, 촉각, 미각, 상상력을 동원하여 가르친 그때의 경험과 지식은 나중에 아이들이 학교에서 학습을 하는 데 좋은 밑거름이 되었다.

가정교육과 학교교육의 간극을 줄이려는 노력의 일환으로 대안학교와 홈스쿨링이 인기다. 대안학교는 공교육에 적응하기 어려운 학생이 늘어나는 데에도 원인이 있겠지만, 가정교육의 철학을 학교교육에서 구현해보고 싶은 욕구에서도 기인한다. 이곳에서는 좀 더 자유롭고 창의적인 분위기에서 학습을 하고 개인별 맞춤 학습이 가능하다. 또한 학생 자신이 좋아하는 분야를 좀 더 깊이 학습할 수도 있다. 즉, 인성과 재능을 동시에 키울 수 있는 것이 장점이다.

홈스쿨링의 경우에는 가정에서 부모가 자녀를 직접 가르친다. 가정끼리 정보를 공유하는 카페나 모임도 활성화되어 있다. 미국의 경우, 전체 학생의 3.4%가 홈스쿨링을 하고 있다고 한다. 가정교육과 학교교육을 병행하는 이런 움직임은 앞으로도 계속 증가할 것이다.

가정교육의 기본은 인성, 곧 성품교육임은 두말할 나위가 없다. 아이들이 훌륭한 성품을 가지도록 어릴 때부터 가정에서 그 틀을 만들 필요가 있다. 이와 함께 창의력을 길러주는 교육을 함께하는 것도 중요하다. 4차 산업혁명과 인공지능 시대에 요청되는 창의력도 가정교육의 필수 과목으로 삼아야 할 것이다.

새로운 교육 방법, 에듀테크를 활용하자

"아침마다 정신이 하나도 없어요. 앱이 제각각인 것도 문제지만 기능은 더 문제네요. 무엇 하나 찾아 들어가려면 앱 안에서 몇 번을 눌러야만 원하는 기능에 도달해요. 파일도 바로바로 안 열려서 다운로드해야 하고…. 영상 재생이 버벅거리는 건 약과예요. 앱이 튕겨서 강제 로그아웃되어 올리던 숙제가 날아간 적도 있어요."

코로나 바이러스로 학교가 폐쇄되면서 가정에서 온라인 원격수업을 하는 아이들의 엄마가 터트린 불만이다. 이러한 시스템으로 인해 일선 학교 선생님들도 힘들겠지만, 초등학교 저학년 아이들의 학습과 숙제를 지도해주는 엄마들도 진땀을 흘린다. 엄마들은 우선 자녀의 휴대폰을 켜서 '건강 상태 자가 진단'을 하고, 공지사항이 있는지 확인한다. 이어서 학습 시간, 학습 내용, 숙제 등을 점검한다. 공부 준비가 안 된 아이를 깨워서 밥 먹이고 컴퓨터 앞에 앉히고 학업에 집중하는지 확인도

해야 한다. 직장을 다니는 학부형들은 출근해서도 자녀들이 잘 하는지 카톡이나 전화로 확인해야 한다. 코로나 바이러스가 가져온 새로운 일상의 단면이다. 그야말로 엄마들의 시간은 정신없이 흘러간다.

학교도 바쁘기는 마찬가지다. 학생 안전이 최우선인 학교는 학생들이 가정에서 학업에 집중하는지 걱정이 많다. 인터넷상의 줌(Zoom)을 통해 학생의 출석을 점검하고, 과제를 하지 않은 학생에게는 왜 안 했는지 묻고, 공부할 때의 어려움을 확인한다. 그러면 몇 명 학생은 "선생님 목소리 안 들려요", "선생님 제 얼굴 보여요?", "잡음이 많이 나요" 등 여기저기서 질문과 이야기들이 쏟아진다. 겨우 마무리되었다고 생각해 원격수업을 하려고 하면 또 다른 질문과 이야기들이 흘러나온다. 그러다 보면 준비한 강의를 제대로 진행도 못한 채 수업이 끝나기 일쑤다. 또한 EBS 온라인 강의 프로그램을 보내고 이를 잘 확인했는지도 체크해야 한다. 특히 초등학교 저학년의 경우에는 집중을 오래 못하기에 분량이 짧으면서도 내용이 우수한 동영상을 검색해 알려주어야 한다.

이처럼 학부모와 선생님, 학생 모두가 바쁘다. 확인할 앱이나 사이트도 많다. 학습 관련 콘텐츠와 사이트가 하나로 통합되지 않아 여기저기 로그인 하느라 정신이 없다. 이를 해결하려면 통합 '학습관리 시스템'을 하루빨리 개발해야 한다. 기업의 경우, 이미 디지털 혁명이 진행되어 인공지능을 개발해 활용하고 있다. 반면 학교는 이제야 온라인 수업을 실험하고 있는 상황이다. 기업은 디지털이 뉴노멀이지만, 학교교육은 아직 뉴노멀에 들어가지 못한 상황이다.

디지털 혁명이 급격히 진행되어 디지털 콘텐츠 플랫폼이 없는 생활을 상상하기 어려운 상황을 우리는 '새로운 정상화', 즉 '뉴노멀'이라고 한다. 뉴노멀 시대로 갈수록 우리는 디지털 환경에 더욱 의존할 수밖에 없다. 디지털 환경에 문제가 생기면 아무것도 할 수 없게 된다. 이런 상황을 감안했을 때, 앞으로 온라인 수업 등 교육 플랫폼은 더욱 활성화될 것이다. 따라서 디지털화에 대한 임시 처방이 아니라 온라인 수업을 좀 더 획기적으로 개선하기 위한 노력이 필요하다.

또한 온라인 수업의 장점은 살리고 단점은 보완해야 한다. 보완할 대표적인 것으로는 질문과 토론 수업을 들 수 있다. 질문이나 토론 수업은 온라인으로 하기에는 학생 수가 많아 관리가 쉽지 않다. 원격 진행으로 나타나는 여러가지 현상 때문이다.

학원은 코로나 바이러스로 방역에 동참하느라 문을 열고 닫기를 반복해왔다. 온라인 프로그램을 병행하는 학원보다 대면 수업 중심으로 진행한 학원들의 피해가 특히 컸다. 대면과 비대면 수업은 각각의 장단점이 존재한다. 이제는 서로의 장점을 더욱 극대화하는 융합 노력이 필요하다.

프랜차이즈 교육 프로그램을 공급하는 기업 또한 기존 프로그램에 개인별 맞춤화를 추가할 필요가 있다. 개인별 학습 결과만 제공하는 경우, 각각의 학습 성향과 부족한 분야를 더 잘 파악해 지원하는 지능형 프로그램으로 바꾸어야 한다. 하루 빨리 인공지능 프로그램을 활용한 스마트 러닝이 가능할 수 있도록 투자를 아끼지 않아야 한다.

에듀테크(Education Technology)는 컴퓨터나 모바일을 활용한 모든 교육, 장치, 플랫폼 등을 망라하는 표현이다. 코로나 바이러스 발생 이후 에듀테크에 대한 관심이 증폭되고 있다. 에듀테크의 큰 흐름은 초중고 온라인 수업을 개선하기 위한 콘텐츠 확충 및 플랫폼 개발, 대학생과 성인들을 위한 다양한 평생교육 콘텐츠 확충으로 이어질 것이다.

최근 에듀테크 분야에서는 중국이 도약 중이다. 온라인 교육은 미국이 먼저 시작했지만 중국의 추격이 눈부시다. 2018년 기준, 전 세계 에듀테크 캐피탈 투자의 50% 이상을 중국이 차지했다. 베이징만 해도 2,000개, 상하이만 해도 1,000개의 에듀테크 기업이 있고, 2018년에만 10억 달러 이상의 유니콘 에듀테크 기업 97개가 설립되었다. 현재 세계 10대 에듀테크 기업 가운데 7개가 중국 기업이다. 한국이 사교육을 억제하느라 교육에 대한 투자가 주춤한 사이 중국은 국가와 기업이 한마음으로 미래 시장 개발에 적극적으로 나섰다.

위엔푸다오(猿輔導, Yuanfudao)는 고등학교까지 인공지능형 가상수업 및 실시간 수업을 하는 기업으로, 현장에서 바로 질문과 답변이 가능하다. 자회사인 위엔티크는 80만 개의 시험 문제 데이터를 보유하고 있는 플랫폼으로, 학생들의 학습 습관까지 분석해주는 등 중국 내 최대 데이터베이스를 자랑한다. 사용자는 자신이 속한 지역과 사용 교재, 학교 이름, 학년 등 간단한 정보만 입력하면 자신의 수준에 맞는 시험 문제를 받아볼 수 있다.

또한 샤오위엔소티(小猿搜題, Xiaoyuansouti)라는 실시간 문답 서비스도 운영하고 있다. 사용자가 풀기 어려운 문제를 사진으로 찍어 플랫폼에 올리면 문답과 풀이를 제공해주는 서비스다. 현재 샤오위엔소티에는 1억 개의 질문이 올라와 있으며, 95%의 질문들이 1.2초 이내에 답해진다고 한다.

교육의 디지털화는 이제 피할 수 없는 큰 흐름이다. 중국, 싱가포르, 이스라엘 등 많은 나라들이 디지털을 활용한 교육혁명에 속도를 내고 있다. 우리나라도 정부와 기업이 힘을 합쳐 미래 인재 양성을 위한 인공 지능형 교육 플랫폼을 개발해야 한다. 요즘 아이들은 디지털 키즈(kids)다. 태어나 디지털과 함께 자라는 이들에게 어른들의 아날로그 방식이 적용되어서는 안 된다. 지금이야말로 더욱 획기적인 투자로 디지털 교육혁명을 일으켜야 할 때다.

4차 산업혁명 시대, 교육의 패러다임을 바꾸자

　4차 산업혁명은 인터넷 기반의 온라인에 실물인 오프라인을 결합한 것이다. 이는 딥러닝, 빅데이터, 인공지능, 클라우드를 이용한 최적화 시스템으로, 데이터 최적화와 안면 이미지 인식 및 음성 인식 등을 포함한다. 나아가 인간과 비슷한 '초인류'의 출현까지 예고하고 있다. 인공지능 기술의 발달로 세상의 변화 속도는 상상할 수 없을 정도다. 여기서는 교육과 관련된 사항을 중심으로 4차 산업혁명을 살펴볼 것이다.

　첫째, 로봇 및 인공지능의 발달로 직업이 재편될 것이다. 2021년 기준, 현존하는 상당수의 직업이 앞으로는 로봇으로 대체될 것이다. 미국의 한 연구에 따르면, 현재 직업의 47%가 향후 20년 이내에 로봇으로 대체된다고 한다. 서울대 유기윤 교수팀이 발표한 충격적인 연구 보고서에 따르면, 2090년 한국 사회는 인공지능이 대부분의 직업을 대체

하고, 한국인의 99.997%가 프레카리아트(Precariat), 즉 불안정한 노동계급으로 전락할 것이라고 한다. 즉, 국민 대다수가 인공지능에게 직장을 빼앗기고 정부 복지 등으로 삶을 연명한다는 것이다.

둘째, 미래 사회는 소비 중심에서 공유 중심으로 이행할 것이다. 내 상품, 내 지식으로 벌어들이는 것보다 다른 사람이 가진 상품과 지식을 온라인 플랫폼에서 서로 공유함으로써 더 많은 이익을 창출할 수 있게 될 것이다. 대표적인 예로 온라인 공개 강좌인 무크(MOOK)를 들 수 있다. 무크에서는 하버드와 예일 등 미국의 명문대학의 강좌를 아주 저렴한 비용으로 수강할 수 있다. 플랫폼 운영자는 공유경제 아이디어를 만든 대가로 이익을 창출하고, 플랫폼에서 강의한 교수들은 전 세계 수백만 구독자로부터, 개인적으로는 소액이지만 전체적으로는 큰 이익을 얻을 수 있는 원-원 시스템을 구현해내고 있다. 유튜브의 경우에도 동영상 플랫폼을 유저들이 공유함으로써 이익을 창출하고 있다. 앞으로는 누가 혁신적인 플랫폼을 만드느냐에 따라 사업 판도가 바뀔 것이다.

셋째, 탈도시화와 분산화가 이루어질 것이다. 지금까지는 모든 인적·물적 자본이 집중된 대도시를 중심으로 경제활동이 이루어졌다. 그러나 앞으로는 5G 등 정보통신 기술, 가상현실(VR), 생체공학, 융합기술의 발달로 굳이 대도시에 있지 않아도 높은 수준의 삶을 누릴 수 있을 것이다. 예를 들어 스마트 시티가 들어선 지방에서 재택근무를 할 수 있고, 몸이 아프면 바로 서울이나 외국에 있는 전문의의 도움을 받아 현지에서 수술을 받을 수도 있을 것이다. 또한 역사를 공부하고 싶을 때는 프랑스 루브르박물관을 가상현실로 체험하거나 현지 큐레이터의 설명을 실시간으로 받을 수도 있을 것이다. 이처럼 앞으로는 학교나 특정 장소에 가지 않아도 쉽게 교육 및 서비스를 받을 수 있을 것이다. 게다가 학생의 학습 자료가 축적됨에 따라 개인별 맞춤별 수업이 가능해지고, 학습 인공지능 로봇이 가정마다 구비되며, 가상 박물관과 가상 실험실 등이 개발될 것이다.

그렇다면 4차 산업혁명 시대에는 아이들을 어떻게 지도해야 할까? 이미 해외의 많은 나라들은 4차 산업혁명 시대에 발맞추어 교육 과정을 개편하고 있다. 오스트레일리아의 경우에는 독해력, 수리력, 정보기술 소양, 비판적 창의적 사고, 대인관계 능력, 윤리적 이해, 다문화 이해 등 7가지 능력을 미래의 교육 과정으로 채택했다. 나라마다 조금씩 다르지만 크게 정리해 보면 창의적 사고, 비판적 사고, 의사소통 능력, 팀워크, 리더십, 문제 해결 능력, 종합 · 융합능력, 감정 · 공감 · 상호작용 능력이 교육의 중심이 되고 있다. 이에 대한 집중적인 논의는 이 책 뒷부분에서 다룰 것이다.

문제는 이러한 역량을 학교에서 가르치기 어렵고, 평가하기도 어렵다는 것이다. 우리는 가르치기 어렵고 평가하기 어려우면 그것을 제외해 버리는 이상한 습관(?)을 가지고 있다. 대표적인 것이 영어교육이다. 글로벌 시대를 맞이하여 영어 말하기와 쓰기를 입시에 반영해야 하는데, 평가하기 어렵다고 아예 시도조차 하지 않고 있다. 사람이 하기 어렵다면 인공지능의 도움을 받을 수도 있는데 말이다. 앞서 언급한 역량들을 가르치기 어렵고 평가하기 어렵다고 제외해버린다면 교육의 미래는 참담할 수밖에 없다.

또한 국어, 영어, 수학 등을 강조한 전통적인 수업 방식도 바꿔야 한다. 이와 관련해 유네스코는 세 가지 큰 방향을 제시하고 있다, 지식과 정보, 기술 활용 및 문해력이 첫 번째이고, 대인관계, 협업, 갈등 조정이 두 번째이며, 종합적 계획 수립 및 자기주도 행동이 세 번째이다. 이런 관점에서 보면 앞으로는 컴퓨터적 사고, 수학 및 과학 등 정보기술 관련이 1순위, 국어, 영어, 사회 등 인문학이 2순위, 관계 및 리더십, 자기주도 행동 교육이 3순위로 재편되어야 할 것이다.

우리 교육은 미국의 1910년대, 즉 테일러 시스템의 효율성과 생산성에 근거한 표준화된 교육을 100년째 활용하고 있다. 평균적인 학생을 위한 표준 교육 제공이 목표였고, 이를 통해 사회가 필요로 하는 평균적인 인재를 키워왔다. 하지만 이제 사회는 이미 크게 변하고 있고, 앞으로 더욱 많이 변화할 것이다. 교육이 과연 이러한 변화를 따라갈 수 있을까? 필자가 생각하기에 교육이 이러한 사회적 변화를 따라가는 일은 결코 쉽지 않을 것이다. 또한 표준적인 학생들을 지금처럼 계속 생산한다면 그들을 필요로 하는 기업도 아마 없을 것이다.

그렇다면 아이들을 어떻게 교육해야 할까? 다시 교육의 본질로 돌아갈 필요가 있다. 교육은 외부에서 주입되는 것이 아니라 내적 발로에서 비롯되는 것이다. 교육을 뜻하는 'education'의 'ed'는 '안에서 밖으로 끌어내다'라는 의미를 가지고 있다. 학교와 학원 등 외부에서 할 수 없는 일은 학부모와 자녀 개개인에게 기댈 수밖에 없다. 이를 위해서는 아이들에게 사고하는 능력을 길러주어야 한다. 자녀의 사고 능력을 키워 외부의 지식을 재해석하고 스스로를 혁신하는 새로운 교육, 즉 사고하는 교육으로 바꾸어야 하는 것이다. 이것이 4차 산업혁명과 인공지능 시대에 아이들이 살아남는 비결이며, 가정에서 키워주어야 할 역량인 것이다.

교육도 새로운 변화와 도전에 직면해 있다

　우리가 잘못 해석되는 영어 단어 중 대표적인 것으로 도전을 뜻하는 'challenge'를 들 수 있다. 어릴 때부터 아무 생각 없이 'challenge=도전'으로 암기하다 보니 우리 뇌는 저절로 그렇게 인식하게 되었다. 그런데 challenge를 '도전'으로 해석하면 어색한 경우가 많다. challenge를 '어려운 일, 골치 아픈 일'로 해석해야 그 의미가 정확한 경우가 많다.

　어찌 보면, 어려운 일이니 도전해야 하기 때문에 그 말이 그 말 같기도 할 것이다. 그러나 도전이라고 하면 힘든 일을 이겨내는 긍정적인 의미가 있고, 어려운 일 또는 골칫거리로 해석하면 부정적인 의미가 도드라진다. 부정적인 의미를 긍정적인 의미로 바꾼 사람들의 지혜에 그저 놀랄 따름이다.

　4차 산업혁명과 인공지능 시대에는 사실 골칫거리가 한두 가지가 아니다. 무엇보다 변화의 속도가 너무 빨라 적응하기가 쉽지 않다. 최신 뉴스 기사를 스크랩해 컴퓨터에 저장해두어도 며칠 못 가 그 내용을 수정하거나 업데이트해야 한다. 이처럼 새로운 정보가 끊임없이 들어오기 때문에 굳이 스크랩을 할 필요가 없다. 또한 무엇이 올바른 정보인지 헷갈리는 경우도 많다. 정보나 추세를 따르다 보면 안심이 되다가도 과연 이게 맞나 싶어 돌아볼 때도 많다.

다음으로, 변화를 하려면 방향을 잡아야 하는데 그것이 쉽지 않다는 것이다. 새로운 길을 모색하기에는 여전히 두려움이 존재하기 때문이다. '군중심리'라는 말이 있다. 제대로 된 정보를 갖지 않는 사람이 대다수 사람들이 선택한 의견을 받아들이고, 진실이라고 여기는 것을 뜻한다. 대표적인 것으로 잘못된 댓글을 맞는 것으로 받아들이는 것을 들 수 있다. 이와 관련해 우리 사회에서 군중심리가 작동되는 사례를 찾기란 별로 어렵지 않다.

교육도 마찬가지다. 처음에는 새로운 교육 방법에 별 관심 없다가도 지인 중에 그 방법으로 자녀를 좋은 대학에 보냈다고 하면 마음이 바빠진다. 그제야 교육을 어떻게 했느냐, 무엇을 어떻게 시켰느냐고 물으면서 따라 하려고 한다. 사실 교육만큼 자신만의 확고한 방향과 철학을 가지고 나아가기 쉽지 않은 분야도 없다. 미국 시인 로버트 프로스트(1874~1963)의 〈가지 않은 길〉을 가는 것은 결코 쉽지 않다.

교육에는 군중심리뿐 아니라 습관의 고착성도 작용한다. 조금 노력하다가도 금세 원위치로 돌아간다. 새로운 변화를 시도했을 때 주위에서 칭찬해주면 좋겠지만 '쟤, 왜 저러지?' 하면서 비아냥대면 앞으로 나아갈 수가 없다. 그러나 그 골칫거리를 누군가는 감당하고 변화를 시도한다. 그들이 새로운 길로 다른 사람들을 이끌어간다. 이것이 집단지성화 되면 한동안 주변에 큰 영향을 미친다.

필자가 이 책에서 하는 많은 이야기도 사실은 골칫거리이다. 이 골칫거리에 누군가가 도전해서 성공하기를 바랄 뿐이다. 이 엄청난 변화의 속도 속에서 그 대책을 가정이 마련해야 한다니 이 또한 엄청난 골칫거리이자 도전이 아닐 수 없다.

변화의 경계선에 서면 사람들은 불안을 느낀다. 뒤로 가면 후퇴하는 것 같아도 걱정은 덜 된다. 하지만 앞으로 가라고 하면 가보지 않은 길이라 무섭고 외롭다. 이런 경우 필요한 것이 용기와 창의적인 발상이다. 과거 방식과 완전히 결별이 어려우면 과거의 좋은 것과 미래의 혁신적인 사고방식을 함께 공유하는 것도 지혜로운 방법이다. 우리는 삶의 순간순간에서 맞았던 많은 골칫거리를 해결하면서 이만큼 왔다. 포기하고 싶을 때도 있었다. 하지만 부모님과 주변의 격려를 받으면서 다시 일어섰다. 새로운 교육에 대한 도전도 이와 다르지 않다.

성실하게 공부했던 딸과 달리 아들은 악착같이 공부하는 스타일이 아니었다. 아들과 대화할 때 필자가 주로 지적한 것은 "너는 잠재력은 있는데 최선을 다하지 않는다"였다. 아들은 빡빡한 스케줄을 싫어했다. 종합학원에 보내면 아들은 아는 것을 왜 또 배우느냐며 한 달도 채 못가 그만두기 일쑤였다. 반면 게임을 좋아해 게임기를 손에서 놓지 않았다.

밤늦게까지 학원생들을 가르치고 집에 돌아와 게임만 하고 있는 아들을 보면 허탈하고 화가 났다. 공부는 열심히 하지 않지만 영어와 수학은 그런대로 했던 아들은 중학교 3학년이 되자 당시 인기가 많았던 외고에 도전했다. 외고 두 군데에 특별전형과 일반전형으로 네 번, 추가 재응시까지 포함해 모두 다섯 번의 시험을 치렀다. 계속해 떨어지자 아들은 담임선생님께 추천서를 써달라는 게 미안할 지경이라고 했다. 이때 아이 엄마가 한마디했다.

"너는 아직 배우는 시기야. 시도하다 떨어져도 제자리야. 네가 어떻게 되는 게 아니야. 점프했다가 내려와도 다시 그 자리인 것과 같은 거야."

결국 아들은 외고 시험에 모두 떨어져 일반고에 진학했다. 하지만 아들은 포기하지 않았다. 한 학기를 마치고 안산의 원하는 학교로 편입 시험에 도전했다. 결과는 합격. 다섯 번의 실패 끝에 얻어낸 값진 성과였다. 그 후로도 크고 작은 실패와 성공을 경험한 끝에, 지금은 제약과 인공지능을 융합하는 연구소에서 약사로 자신의 꿈을 일궈가고 있다.

2019년 12월 딸아이의 결혼식이 있었다. 당연히 이날의 주인공은 신랑과 신부였다. 그런데 큰 반향을 불러일으킨 일이 일어났다. 아들이 누나의 결혼을 축하하기 위해 가족도 모르게 비밀리에 준비한 노래가 식장에 울려 퍼진 것이다. 아들은 자신이 직접 작사하고 작곡한 곡을

MR에 담아 랩송으로 불렀다. 아들을 평소 얌전하게만 알고 있던 주위 사람들이 깜짝 놀랐다. 특히 가사 중 남매가 힘들게 생활했던 내용을 노래하자 속사정을 아는 사람들은 눈물을 훔쳤다. 다음은 그 노랫말의 일부이다.

차디차던 옥탑방

더 이상

벌레 잡아 줄 일 없겠지

설거지 정하자

자, 가위 바위 보

이젠 안 해도 되겠지

따듯하던 옥장판

서로 내 거라며 싸울 일도 없겠지

귀찮은 부탁도 서운할 일도

'진'짜로 끝나겠지 누나 이름처럼

시련과 실패 없는 가정은 없다. 시험을 자주 치르는 것, 좋아하는 게임을 줄이고 공부를 하는 것도 골칫거리이고 도전이다. 이처럼 작은 골칫거리부터 자녀의 진로를 결정하는 큰 골칫거리까지 부모인 우리는 무수히 도전해야 한다. 또한 자녀가 힘들어 할 때는 곁에서 도와주어야 한다. 자녀가 말을 안 들을 때도 있을 것이다. 그로 인해 기분이 상할 때도 있을 것이다. 그래도 하루만 지나도 마음이 풀린다. 가족이기 때문이다. 가정교육을 다시 바로 세우고, 어릴 때부터 자녀도 도전을 즐길 수 있도록 해야 한다. 그래야 골칫거리가 덜 생긴다. 그러기 위해서는 두려움을 떨쳐내는 단단한 용기를 심어줄 필요가 있다.

2장

미래 인재로
키우기 위한
역량을 강화하자

상상력과 창의력이 밥 먹여준다

우리는 생각과 상상이 자원이 되고, 돈이 되는 시대를 살고 있다. 상상의 날개를 펼치면 옛 어른들은 '뜬구름 잡는 소리 하지 말고 하던 일이나 잘해'라고 핀잔을 했지만, 이제는 달라졌다. 뜬구름 잡는 상상을 하지 않으면 먹고살기 힘든 세상이 되었다.

최근 들어 전 세계를 뜨겁게 달군 대표적인 사람을 꼽으라면 테슬라(Tesla)의 CEO인 일론 머스크(1971~)를 들 수 있다. 최근 그는 화성에 식민지를 개척하겠다는 야심 찬 꿈을 갖고 우주왕복선을 발사했다. 또한 세계 최초의 전기차인 테슬라를 출시해 큰 성공을 거두었다. 어디 그뿐인가. 진공 튜브 속을 달리는 기차를 만들고, 지하 터널을 뚫어 초고속 고속도로를 만들겠다고 공언하고 있다. 그런 그가 상상하고 말하는 것은 곧 현실이 되고 있다.

필자는 눈만 뜨면 산이 보이고 조금만 걸어가면 바다가 보이는 곳에서 태어났다. 어릴 때부터 눈앞에 있는 저 산에는 뭐가 있을까 생각했다. 간혹 밤에 도깨비불이 이리저리 옮겨 다니면 빨간 눈을 한 동물이 뛰어다니는 것은 아닌지, 귀신이 오가는 것은 아닌지 상상에 빠지곤 했다.

고등학교에 입학해 가까운 도시에서 자취할 때면 가끔 집에 들러 김치와 쌀을 가지고 왔다. 그럴 때면 여객선을 타고 연안바다를 건넜고, 늘 뱃머리에서 바람을 맞으며 저 수평선 너머에는 뭐가 있을까 생각했다. 주위의 외딴 섬들을 지날 때면 '저기도 사람이 살까?' 하며 호기심과 상상력을 키우곤 했다.

상상은 눈으로 보는 것에서만 얻어지는 것은 아니다. 상상은 뇌에서 이루어진다. 특히 독서를 할 때 뇌는 상상을 하기 시작한다. 그래서 상상에 좋은 방법은 다양한 책을 많이 읽는 것이다. 자연이나 신기한 물건, 그림을 볼 때도 상상력이 발동한다. 여행을 떠나 새로운 언어, 낯선 사람, 진기한 음식 등을 경험하면서 우리는 상상의 날개를 편다. 이처럼 상상의 보고(寶庫)는 매우 다양하다.

그러나 상상력이 곧바로 창의력으로 연결되는 것은 아니다. 하지만 창의적인 사람이 되려면 상상하고 생각하는 것이 그 전제가 된다. 창의력은 새로운 원료나 새로운 질서를 발견하는 것을 비롯해 이미 만들어진 것을 새롭게 변화시키는 지혜와 아이디어 등을 포함한다. 감사한 점은 아직까지도 인간이 발견하거나 이루어낸 것보다 아직 하지 못한 것들이 더 많다는 것이다.

창의력은 생각에서 나오는 아이디어라고 할 수 있다. 따라서 창의력을 키우려면 생각의 기능을 많이 활용해야 한다. 토머스 왓슨(Thomas J. Watson, 1874~1956)은 IBM의 전신이었던 회사에 출근하던 첫 날, 직원들에게 이렇게 말했다.

"우리 회사의 미래는 찬란합니다. 나는 우리 회사의 사훈을 'Think'로 바꾸려고 합니다. 기꺼이 'Think'하고자 하는 마음이 있다면, 우리 앞의 모든 문제는 매우 쉽게 해결된다고 믿기 때문입니다. 앞으로 우리는 온 마음을 다해 'Think'할 것이고 'Think'를 통해 위기를 극복할 것입니다. 그리고 'Think'를 통해 전 국민의 존경을 받는 위대한 기업으로 성장할 것입니다."

마이크로소프트의 창업자인 빌 게이츠(1955~)가 IBM을 꺾고 세계 1위 기업이 되고자 내걸었던 것이 있다. 바로 '생각하는 주간(Think Week)'이었다. 새로운 비전이나 신규 사업 진출 또는 투자를 결정할 때면 그는 회사에 출근하는 대신 혼자서 숲으로 떠났다. 그리고 작은 통나무집에 들어앉아 누구도 만나지 않은 채 오직 생각만 하는 'Think Week'을 보냈다. 그는 자신뿐 아니라 직원들에게도 'Think Week'을 요구했다. 그 후 얼마 뒤 빌 게이츠는 IBM을 제쳤다.

애플의 스티브 잡스(1955~2011)는 색다르게 생각하는 'Think different'를 주장했다. 그는 컴퓨터를 전혀 다른 관점에서 보려고 했다. 컴퓨터를 사무기기가 아니라 예술작품으로 받아들였던 것이다. 그는 컴퓨터를 예술작품으로, 극소수의 소유가 아닌 모든 사람의 것으로 만들었다. 그 결과, 스티브 잡스의 애플은 세상을 바꾸어 버렸다.

창의력은 상상력처럼 나의 외부에 있는 것이 아니라 내부에 있다. 외부 사건에 영향을 받아 고민하고 해결하기 위해 아이디어를 모색하지만, 그 본질은 생각하는 데 있다. 많은 사람들은 창의력이 소수의 사람에게만 있다고 생각한다. 하지만 우리는 자신의 능력을 믿고, 가족 또는 친구들이 모르는 자신만의 능력이 있다는 것을 믿어야 한다.

그렇다면 아이들의 창의력을 길러주려면 어떻게 해야 할까? 먼저 자녀를 어릴 때부터 주의 깊게 관찰하는 노력이 필요하다. 세심하게 동작 하나하나, 말 한마디 한마디에 주의를 기울이고, 무엇을 좋아하며 무엇을 잘 하는지를 살펴보아야 한다.

창의력은 다름과 독특함에서 발현한다. 자신의 아이가 다른 아이들과 다를 때 그것을 귀히 여기고 그것을 단점보다는 장점으로 생각해야 한다. 생각의 차이가 천재를 만든다. 그냥 공부 잘 하는 아이보다 남들과 다른 특성을 가진 아이가 더 크게 성장할 수가 있다. 따라서 1등을 만들기보다는 유대인처럼 독특함을 키워주어야 한다. 실수를 하더라도 면박을 주면 안 된다. 실수나 실패를 문제 해결을 위한 과정으로 생각하고 격려하며 지지해야 한다.

상상력은 세상을 다르게 보는 힘이다. 우리는 상상하면서 호기심을 가지고 창의력에 다가간다. 창의력은 새로운 것을 만들어내는 능력이다. 창의력은 창조물과 창작물로 연결된다. 그림, 음악, 디자인, 건축 등 많은 것들은 창의력의 산물이다. 혁신은 창조물을 더 낫게 만드는 것으로, 그 본질도 창의력, 즉 생각과 상상에서 나온다.

창의력의 최대 적은 고정관념이다. 안 된다고 생각하면 안 되고, 된 다고 생각하면 되게 마련이다. 그러니 아이에 대한 고정관념을 버리고 긍정적으로 바라보아야 한다. 부모의 상상력과 창의력이 높을수록 자녀 또한 그렇게 성장할 가능성이 높다. 그러니 자녀와 함께 상상하고 호기심과 창의력을 키워주자. 함께 책을 읽고, 냇가나 산에 가서 상상과 호기심의 세계를 탐험해보자.

전혀 엉뚱한 상상, 서로 관련이 없는 것에 대한 상상도 유익하다. 상상은 미래의 새로운 먹거리 자원이 된다. 창의력이야말로 그 자원을 현실로 구체화한다. 상상, 창조, 혁신적인 사고력의 근육을 단단히 해야 아이들을 미래의 주역으로 키울 수 있다.

생각 근육이 강한 아이가 성공한다

영어학원에서 상위권 학생들에게 독해를 가르칠 때 '비판적 사고(Critical Thinking)'를 요구하는 텍스트를 다룰 때가 있었다. 주로 윤리나 철학에 관한 내용이라 학생들이 힘들어 하거나 꺼리는 내용이 대부분이었다. 이러한 내용을 이해하려면 기본적으로 관련 지식을 많이 쌓고, 문맥을 해석할 수 있는 능력이 필요하다. 고등학교 수준의 단어를 아는 것만으로는 이해하기 어려운 내용이 대부분이기 때문이다.

수능에 나오는 영어독해 문제의 경우, 제시된 지문이 짧으면서도 어쩌면 그렇게 빈틈없이 논리 정연한 문장으로 짜여 있는지 의아할 때가 있다. 과연 이게 영어 시험인지 논리 시험인지 모를 정도로 사고와 관련된 문제들이 많다. 유명 교수들의 논문 초록에 있는 내용을 학생들에게 해석하라고 하니 어렵지 않은 게 이상하다. 문제는 이 정도 수준이 돼야만 대학에서 학업을 이어갈 수 있고, 국제적으로도 경쟁할 만한 수준이 된다는 것이다.

아인슈타인(1879~1955)이나 데카르트(1596~1650) 등 인류 역사에서 뛰어난 과학자나 철학자들은 높은 수준의 사고력을 통해 인류문화에 기여했다. 과거 어른들은 '쓸데없는 생각 말고 공부나 해'라고 말했지만, 이제 우리는 생각 없이는 공부를 할 수 없는 시대를 살고 있다. 그런데 문제는 요즘 아이들이 주의 깊게 생각을 하지 않으려고 한다는 데 있다. 아이들은 바쁜 학원 순례로 인해 깊이 있는 독서나 토론할 시간을 가지지 못하고 있다. 또한 게임 등 찰나적 재미와 단기적인 목표의 늪에 빠져 더 높은 차원의 사고가 가져다주는 기쁨을 누리지 못하고 있다. 그래서일까. 이러한 사태를 간파한 미국 실리콘밸리의 학부모들은 최근 자녀들을 게임기나 TV와 차단시키고, 인문학 독서 등을 통해 사고 훈련을 시키고 있다고 한다.

인류 문명의 모든 도구는 사람들의 생각에서 비롯한 것들이다. 전기, 컴퓨터, 스마트폰, 비행기, 우주선 등 크고 작은 문명의 이기들은 인간의 사고에서 나온 작품들이다. 학생에게 주어지는 문제의 해답 또한 사고활동을 필요로 한다. 공부 잘 하는 학생들의 비결도 대체로 생각에 기반을 두고 있다.

세상의 모든 변화를 이해하는 실마리도 사고활동에서 얻어진다. 성공과 실패, 행복과 불행, 삶과 죽음 등에 대한 이해 수준은 어떻게 생각하느냐에 따라 달라진다. 생각이나 사고력이 없는 나라는 미래가 없다. 미래 시대에 더욱 힘써야 할 역량은 바로 사고력, 즉 생각하는 능력이다. 무한경쟁 시대에 경쟁자보다 앞서려면 창의적 사고와 비판적 사고가 뛰어난 인재가 필요하다.

그렇다면 어떻게 해야 아이들의 비판적 사고력을 키울 수 있을까? 무엇보다 어릴 때부터 호기심을 가지고 사물을 관찰하고, 사물의 본질과 변화의 원리를 파악할 수 있도록 해주어야 한다. 즉, 미시적인 접근에서 거시적인 관점으로 나아가도록 해야 하며, 문제의식을 가지고 접근하도록 해야 한다.

많은 사람들이 쉽게 지나치는 것을 예사롭게 보지 않고 본질과 원리를 알아내는 사람들이 있다. 대표적인 사람으로 제임스 와트 (1736~1819)를 들 수 있다. 그는 주전자의 끓는 물이 뚜껑을 밀어내는 것을 주의 깊게 관찰한 후 심사숙고 끝에 증기기관을 발명했다. 아이작 뉴턴(1643~1727)도 마찬가지다. 그는 나무에서 사과가 떨어지는 것을 보고 '사과는 왜 하늘로 올라가거나 옆으로 가지 않고 항상 땅으로 떨어지는가?'라는 물음을 품은 결과 만유인력의 법칙을 발견했다.

과거 대우그룹 고(故) 김우중 회장(1936~2019)은 해외 출장을 다니면 모든 것이 돈으로 보였다고 말했다. 모든 것을 돈 버는 사업으로 생각하니 다른 사람들이 생각하지 못한 아이디어를 가졌던 것이다. 한 번은 아프리카 수단에 타이어 공장을 지어준 후 돈 받을 방법이 없자 그는 그곳의 풍부한 면화를 떠올렸다고 한다. 이를 통해 면화를 수입하는 것보다 면화공장을 짓고 제품을 만들어서 가져오는 게 더 돈이 되겠다는 생각을 구상해냈다고 한다.

아이들이 사물의 본질에 대한 관찰과 호기심을 가지려면 적절한 질문을 해줄 필요가 있다. 가정에서 아이들에게 숨겨진 사고력을 끌어내려면 이들이 호기심을 느끼거나 잘 하는 것부터 질문을 시작하는 것이 좋다. 장난감 자동차를 좋아한다면 '자동차는 왜 만들어졌을까?', '자동차는 어떻게 앞으로 가는 거지?', '자동차가 뒤로 갈 때는 어떻게 해야 하지?'와 같이 본질과 작동원리에 관한 질문을 던져야 한다.

또한 카테고리에 맞게 분류하고 패턴을 인식하도록 가르칠 필요가 있다. 다양한 사물 및 현상을 인식하거나 기억하는 데 있어서 분류만큼 좋은 것도 없다. 제대로 분류를 하기 위해서는 비슷한 것을 묶어주는 카테고리, 즉 범주를 파악하는 것이 중요하다. 가령, 어릴 때 사물 분류에 사용할 수 있는 것으로는 학용품이 있다. 학용품은 색깔, 크기, 형태에 따라 분류할 수 있다. 학용품은 하나의 카테고리가 되고 색깔, 크기, 형태 등은 분류 기준이 된다. 칼, 도마, 바늘, 가위 등도 형태는 다르지만 용도에 따라 엄마가 사용하는 '도구'라는 카테고리로 묶을 수 있다.

하지만 모든 사물이나 사건을 특정 분류로 구분할 수 있는 것은 아니다. 빨간색과 주황색 사이에 많은 갈래의 색이 있는 것처럼, 현상이나 사건들도 어떤 기준과 카테고리로 정확히 분류하기 어려운 것들이 많다. 그런 경우 시간의 속성 등을 이용하면, 즉 장기간에 걸쳐 어떤 흐름을 파악하면 일정한 패턴을 찾을 수 있다. 예를 들어, 주식 투자만 봐도 그렇다. 1분 차트에서는 안 보이던 패턴이 몇 시간 정도 관찰하면 나타나는 것처럼 거시적 관점에서 보면 일정한 패턴을 파악할 수 있다.

유사한 형태가 반복되면 그 패턴을 인식하기도 쉽다. 색깔, 모양, 숫자의 반복도 패턴이지만, 태양이 언제 뜨고 달이 언제 뜨는지, 아빠가 몇 시에 출근하고 몇 시에 퇴근하는지, 자녀가 어떻게 행동하면 엄마가 화를 내는지도 모두 패턴의 일종이다. 조금만 집중하면 학업이나 생활 속에서도 카테고리, 분류, 패턴으로 인식할 수 있는 것들은 많다.

한편 사건이 발생했을 때 해당 사건의 구조를 파악하면 사고력이 높아진다. 사건의 원인과 결과, 비교와 대조, 비유, 숨어 있는 추론 등을 통해 사건의 구조를 파악하는 것이다. 일상의 대화에서도 이러한 구조를 파악할 수 있다. 아빠가 집에 오자마자 갑자기 화를 내면 그 답은 이어지는 대화에서 확인할 수 있다. 직장에서 좋지 않은 일이 있었거나 집에 오는 도중에 안 좋은 일이 있었던 것 등을 확인할 수 있는 것이다.

비판적 사고력은 어려운 독해 책을 읽어내는 능력과 같다. 독서의 본질은 무엇보다도 저자의 의도를 파악하는 데 있다. 카테고리를 정하고 분류하는 것은 독서에서 문장 단락을 묶는 것과 같다. 각 단락의 사건 흐름 속에 있는 다양한 원인, 결과, 이유, 비교, 추론 등은 저자의 주장을 설득력 있게 설명하는 데 사용된다. 우리가 삶에서 맞닥뜨리는 사건이나 자녀교육과 관련해서 발생하는 모든 사건 역시 사고력을 키우는 좋은 도구가 된다.

'상(想)'은 '생각하다'라는 뜻을 가진 한자이다. 이 글자를 자세히 분류해보면 윗부분에는 나무(木)와 눈(目)이, 아래에는 마음(心)이 있다. 이 글자에서 볼 수 있듯 생각을 잘 하려면 흔들리는 나무를 바라보는 현상의 관찰을 넘어 왜 바람이 부는지 그 이면까지 읽어내는 능력이 필요하다. 그러한 능력은 과거, 현재, 미래를 동시에 조망하는 사고에서 비롯된다. 현대는 불확실성이 매우 높은 시대다. 따라서 부모라면 미래를 살아갈 아이들을 위해 눈을 부릅뜨고 문제를 살피며, 냉철하게 생각하고 사고하는 역량을 길러주어야 할 것이다.

직관과 통찰력으로 위기를 헤쳐나간다

"어, 이건 진짜가 아닌 것 같은데……."

폴케티 박물관에 전시되어 있던 고대 그리스 시대 것으로 추정되는 '게티 쿠로스(Getty Kuros)'라는 '청동 소년상'에 대해 뉴욕 메트로폴리탄 박물관의 큐레이터는 자신도 모르게 이렇게 말했다. 폴게티 박물관이 1년여에 걸쳐 전문가와 현대식 장비를 동원해 진품으로 판명한 후 이 동상을 전시한 지 얼마 안 된 시점에 일어난 일이었다. 뭔가 이상하다는 느낌을 받았다는 이 큐레이터의 말로 인해 폴게티 박물관은 해당 동상에 진품인지 아닌지 확인이 어렵다는 설명문을 게시하고 있다.

직감이나 직관(Intuition)은 의식적 혹은 의도적인 노력이 아닌 과거의 경험에 근거하여 순간적으로 느끼는 감(感), 즉 느낌을 말한다. 직관이 뛰어난 사람은 해답은 알지만 그것을 정확히 설명하지 못할 때도 있다. 그래서 때로는 그 해답의 진위가 한참 후 가려지기도 한다.

문학작품 속 셜록 홈스 같은 명탐정은 조그마한 단서만 있으면 그것을 실마리 삼아 이성과 논리로 범인을 밝혀낸다. 소설 속 홈스는 상상력과 직관이 굉장히 높은 유형의 캐릭터다. 그는 자신의 직관을 뒷받침할 증거들을 모으는 것으로 탐정 업무를 시작한다.

위대한 발명가인 토머스 에디슨(1847~1931)의 어머니는 초등학교 선생님으로부터 한 통의 편지를 받았다. 거기에는 "에디슨은 정신적으로 혼란스러운 아이입니다. 우리 학교에서는 가르칠 수 없습니다"라고 쓰여 있었다. 눈물을 흘리며 편지를 읽은 에디슨의 어머니는 곧 이 편지가 잘못되었다는 것을 '직감'적으로 깨달았다. 그녀는 에디슨에게 학교를 그만두게 하고 집에서 공부를 시키기로 결정한다. 에디슨 어머니의 직관이 아들을 위대한 발명가로 만들었던 것이다.

세기적 천재인 아이슈타인은 아홉 살이 되도록 제대로 말을 못했다. 그는 훗날 상대성이론 관련 논문을 쓸 때 이러한 '느림'을 자신의 이론에 적용했다. 평범한 성인이라면 공간과 시간을 이해하는 데 그다지 어려움을 겪지 않는다. 하지만 아인슈타인은 자신이 너무 늦게 천천히 성장했기 때문에 성년이 되어서야 공간과 시간에 대해 깊이 있게 생각할 수 있었다.

직관과 달리 통찰력(Insight)은 이전에 알지 못했던 문제나 개념에 대해 갑작스럽게 또는 의도하지 않게 깨닫는 것을 뜻한다. 이른바 '아하!' 하고 느끼는 경험이라 할 수 있다. 어떤 문제에 대해 수년간 고민해도 답을 못 얻었는데 어느 날 갑자기 그 문제가 연결되고 재해석되고 이해가 될 때, '아하, 이렇게 되는 것이었구나!'라며 무릎을 '탁' 치는 것을 대표적인 예로 들 수 있다.

고대 그리스의 과학자 아르키메데스(기원전287?~기원전212)가 외쳤던 '유레카'도 통찰력을 통해 뜻밖의 발견을 했을 때라 할 수 있다. 통찰력이 뛰어난 사람은 사람과 사람, 사람과 사물 간의 관계를 이해하는 능력이 뛰어나다. 그들은 과거 경험을 효과적으로 활용해 위기 상황이 닥치면 순간적으로 통찰력을 발휘해 거기서 벗어난다.

미국은 자연 산불이 자주 일어나는 나라다. 한 팀의 소방대원이 차를 타고 자연 산불을 진압하기 위해 출동했다. 그러다가 그만 거대한 산불에 갇히게 되었다. 이때 한 소방관이 밀려오는 산불 앞에 커다란 초목지가 있는 것을 발견했다. 순간, 그는 초목지를 불태워야 한다는 것을 생각해냈다. 그 결과, 몇몇 대원들은 초목지를 불태워 목숨을 구할 수 있었다. 반면 다른 길을 찾아 나섰던 대원들은 모두 불길을 피하지 못하고 목숨을 잃었다. 목숨을 건진 이들은 이미 타버린 초목지에는 불이 다시 붙지 않는다는 사실을 간파했던 것이다.

스티브 잡스가 29살 때 초등학교 교실을 방문한 적이 있었다. 교실에 설치된 컴퓨터 모델은 모두 애플2였다. 순간 그는 직감했다. 겨우 네 사람이 디자인한 이 컴퓨터가 전혀 모르는 사람들에 의해 만들어지고, 전혀 모르는 사람들에 의해 유통되고, 또 전혀 모르는 사람들에 의해 사용된다면, 앞으로 수많은 사람들이 컴퓨터를 사용하게 되리라는 것을. 그는 이 학생들은 자기 세대와는 전혀 다른 사고방식을 가지고 살아갈 것이라고 생각했다. 그는 이때의 통찰력을 기초로 세상을 바꿀 계획을 세웠다. 이처럼 직감은 종종 통찰력으로 연결되기도 한다.

그렇다면 아이들에게 통찰력을 키워주려면 어떻게 해야 할까? 직관이 이른바 '느낌/감(感, feeling)'에 의존한다면, 통찰력은 과거의 경험과 시장 조사에 바탕을 둔다. 시장 조사를 하면 트렌드, 즉 추세를 파악할 수 있다. 또한 트렌드를 파악하면 나름의 통찰력을 얻을 수 있다.

요즘 'MZ 세대'에 대한 관심이 매우 높다. MZ 세대의 특징과 트렌드를 모르면 이들에게 적합한 상품을 만들어 판매하기가 어렵다. 우리 아이들은 기성세대와 달리 큰 변화를 겪으며 점점 개성적, 현실적으로 되어 가고 있다. 이들의 주요 관심사와 유행을 모른 채 '우리 때는 말이야'라고 말해봤자 소위 '꼰대'로 몰리기 십상이다.

최신 트렌드를 파악하려면 먼저 뉴스나 정보를 스크랩하고, 그 흐름을 추적해 연결해야 한다. 그것을 통해 일정한 추세를 파악한다면 나름대로 통찰력을 얻을 수 있다. 그렇다고 해서 트렌드가 만능인 것은 아니다. 위대한 통찰력은 이러한 트렌드마저 뛰어넘는다. 일론 머스크를 생각해보라. 그의 기상천외한 발상은 그저 트렌드만으로는 해석하기가 어렵다.

기상천외한 발상은 외부에서 주어지는 것이 아니라 결국은 내부에서 비롯된다. Insight라는 단어에서 볼 수 있듯이 통찰력은 '내부에서 보는 것'이다. 그래서일까. 위대한 경영자들은 명상을 위해 일 년에 몇 차례씩 사찰이나 조용한 곳을 찾는다. 그들은 추세, 즉 트렌드 파악도 중요하지만 현상 이전에 사물의 본질을 찾고, 그것을 획기적으로 개선하는 방법을 찾는다. 최근에는 다행히도 인공지능과 빅데이터의 도움으로 트렌드를 빠르게 파악할 수 있게 되었다. 문제는 그것을 나름의 통찰력과 번득이는 지혜로 해석할 수 있어야 한다는 것이다.

야구 시합의 경우, 선발투수의 투구가 끝날 무렵 불펜투수 중 누구를 내보내느냐가 관전 포인트가 된다. 요즘에는 빅데이터에 의거해 안타를 맞을 확률이 가장 적은 불펜투수를 마운드에 올린다. 그런데 간혹 투수 코치가 빅데이터를 따르지 않고 최근 성적이 좋거나 당일 컨디션이 좋은 불펜투수를 경기에 내보내기도 한다. 자신의 직관을 믿는 것이다. 그런데 대개는 안타를 맞고 강판당한다. 빅데이터의 결과를 무시한 대가다. 현실에서는 이렇게 직관과 통찰력이 서로 엇박자를 내는 경우도 물론 적지 않다.

왕이나 대통령 주위에는 뛰어난 참모들이 많다. 이들은 해당 분야 전문가이자 직관과 통찰력이 뛰어난 사람들이다. 하지만 왕이나 대통령이 자신만의 통찰력을 가지지 않으면 잘못된 판단을 내리기 쉽다. 따라서 아이들에게 직관과 통찰력을 기르는 방법을 가르치되 스스로 해석할 수 있는 힘을 기르도록 해야 한다.

사물을 새로운 각도에서 파악하고 상황을 바꾸어서 해석하도록 하는 것도 통찰력을 기르는 방법 중 하나다. '지금의 공부 방식을 고수하면

20년 후에는 어떤 모습을 하고 있을까?', '10년 전으로 돌아간다면 무엇을 하겠니?', '지금 상황에서 몇 가지를 바꿀 수 있다면 무엇을 어떻게 바꾸고 싶니?' 등 생각을 달리하여 통찰력을 이끌어내는 질문을 던지는 것이다.

불확실성이 커지고, 변화가 일상화되는 현 시대에 기업과 사회는 직관과 통찰력이 높은 사람을 요구하고 있다. 통찰력은 논리적인 책을 많이 읽고 수학 문제를 많이 푼다고 해서 얻어지는 게 아니다. 모호하고 불확실해 보이지만 추세를 그려보고, 사건을 연결해보고, 엉뚱한 생각도 해보면서 사물의 본질에 다가가는 노력을 해야 한다.

이는 가정에서도 얼마든지 가능하다. 다양한 질문으로 아이들에게 사물의 본질을 생각하도록 하거나 서로 다른 사건의 인과관계를 파악해 말하도록 훈련하는 것도 한 가지 방법이다. 어릴 때부터 '옷이 없다면 무엇으로 우리 몸을 보호하고 치장할 수 있을까?', '사과, 컵, 의자, 안경, 이 네 가지로 무엇을 만들 수 있을까?'와 같이 일상생활에서 호기심을 자극하는 것이다.

부모는 자녀의 첫 번째 교사다. 그 교사가 유능하면 자녀를 직관과 통찰력을 가진 아이로 키울 수가 있다.

04
긍정 마인드로 밝은 미래를 개척한다

　최근에는 기업에서 입사 시험의 공정성을 높이기 위해 인공지능 면접을 시행한다고 한다. 이때 인공지능은 자기소개서와 경력기술서 등을 토대로 인·적성 검사 질문을 하고, 지원자는 답변을 한다. 인공지능은 면접 당사자의 시선과 목소리는 물론 답변하는 모든 단어와 내용을 분석한다. 부정적인 단어는 몇 개를 사용했으며, 긍정적인 단어는 몇 개를 사용했는지도 분석한다. 인공지능은 관련 학원에서 배운 대로 의도적으로 긍정적인 단어를 사용했는지, 그 시점에서 지원자의 표정과 목소리의 떨림까지 감지해낸다고 한다. 이 모든 과정은 영상으로 녹화된다.

　기업은 기본적으로 긍정적인 사람을 선호한다. 이들이 업무를 적극적으로 행하고, 주위를 밝게 하며, 새로운 기회를 찾고. 생산성을 올린다는 판단 때문이다. 긍정적인 사람은 다른 사람에게 신뢰와 확신을 준다. 또한 자신의 앞날을 낙관하고, 모든 환경이 자신을 위해 준비된 것이라고 생각하며, 이에 대해 감사한다. 안 좋은 일이 있어도 결국에는 그것이 좋은 결과를 가져올 것이라고 믿고, 사소한 일에도 민감하게 반응하지 않으며, 짜증을 내지도 않는다. 주위 사람이 어려움에 처하면 나아질 거라며 긍정적인 말을 해준다.

35년간 고등학교와 대학에서 학생들을 가르치며 긍정의 말을 강조한 할 어반(Hal Urban)은 인류가 태어나 세 번째로 한 행위가 말이라고 주장했다. 그에 따르면, 첫 번째 행위는 자신의 존재감에 감탄한 '와우'라는 보디랭귀지고, 두 번째는 그림으로 자신이나 주변 사물을 형상화한 것이라고 한다. 그리고 세 번째가 말, 즉 언어인데, 의사소통의 기본이 되는 인류가 성취한 가장 위대한 창조물이라고 한다.

우리는 위대한 창조물인 말이 잘못 사용되었을 때 얼마나 비참한 결과를 가져오는지 잘 알고 있다. 미국의 심리학자이자 동기부여 전문가인 쉐드 햄스테드(S. Hampstead)의 말에 따르면, 인간은 하루에 5~6만 가지 생각을 한다고 한다. 이중 75%는 자신의 의도와 상관없이 저절로 부정적인 방향으로 흐른다고 한다. 이러한 생각은 곧 말로 표현된다.

그렇게 본다면 우리말의 약 75%도 부정적이라고 할 수 있다. 긍정적이라고 자인하는 필자도 AI 가상 면접을 실시해보았더니 부정적인 단어를 더 많이 사용하는 것으로 나타났다. 평상시에 자신의 대화를 녹음해서 피드백을 해보는 것이 필요한 이유가 여기에 있다.

동일한 상황에서 긍정적인 사람과 그렇지 않은 사람의 차이를 나타낸 유명한 일화가 있다. 델마 톰슨(Thelma Thompson)의 이야기가 바로 그것이다.

델마 톰슨의 남편이 캘리포니아 모하비 사막 근처에 있는 육군 훈련소로 배치되었다. 남편을 따라 이사온 델마 톰슨은 그 지역이 별로 마음에 들지 않았다. 비참하기가 이루 말할 수 없을 정도였다. 남편이 모하비 사막으로 훈련을 가면 그녀는 오두막집에 홀로 남아 있어야 했다. 선인장의 그늘까지도 섭씨 50도에 육박하는 더운 곳이었고, 대화 상대라야 멕시코인과 인디언뿐인데다 그들에게는 영어가 통하지 않았다. 게다가 항상 바람이 불다 보니 모래 때문에 숨쉬기도 힘들었다.

그녀는 자신이 처한 환경이 너무나 비참하고 슬프다는 생각에 부모님께 편지를 썼다.

"아무래도 참을 수가 없어요. 다시 집으로 돌아가야겠어요. 이런 곳에 있는 것보다 차라리 교도소가 나을 거예요."

그러자 그녀의 아버지가 답장을 보냈다. 단 두 줄이었다. 하지만 그녀는 그것을 평생 잊을 수 없었다.

"두 사나이가 교도소 창문으로 밖을 바라보았다. 한 사람은 진흙탕을, 다른 한 사람은 하늘의 별을 보았다."

델마 톰슨은 이 문장을 몇 번이나 되풀이해서 읽고는 부끄러웠다. 그녀는 현재 상황에서 좋은 점을 찾아보기로 결심했다. 어느새 그녀는 인디언들과 친구가 되었다. 한편 그들이 보이는 반응은 그녀를 놀라게 했다. 그녀가 자신들의 도자기 같은 것에 흥미를 보이면 인디언들은 여행객들에게도 팔지 않는 소중한 것들을 선물로 주었다. 그녀는 선인장과 유타나무 등에 나타나는 기묘한 모양을 연구하는 한편, 아주 오래전 바다였던 사막에서 조개껍질을 찾기도 했다.

도대체 무엇이 그녀를 변화시켰던 것일까? 모하비 사막이나 인디언은 달라지지 않았다. 그녀가 변한 것이었다. 그렇다. 그녀가 마음을 바꾼 것이었다. 텔마 톰슨은 자신이 발견한 새로운 세계에 흥분했다. 그녀는 자신의 이 경험을 토대로 《빛나는 성벽(Bright Ramparts)》이라는 책을 썼다. 그녀는 자신이 만든 교도소의 창문을 통해 별을 찾아냈던 것이다.

긍정적인 말의 중요성을 말할 때 흔히 인용되는 실험이 있다. 컵에 물이 반쯤 차 있을 때 어떤 시각으로 보느냐 묻는 것이다. 당연히 물이 아직 반이나 남아 있다고 보는 사람과 물이 반밖에 없다고 보는 사람으로 갈리기 마련이다. 직장생활이나 자녀교육에서도 마찬가지다. 아직 노력하고 일할 부분이 많다고 생각하는 사람이 있고, 퇴사일이 얼마 안 남았다고 생각하는 사람도 있다. 자녀교육이 잘 안 된다고 일찍 포기하는 사람도 있고, 사람은 평생 교육을 해야 하는 존재라며 철없는 아이에게 인내와 희망을 품는 부모도 있다. 주식 투자를 잘못했다며 기가 죽은 사람이 있는 반면, '그 까짓 거' 하면서 훌훌 털고 일어서는 사람도 있다. 대책도 없이 노후를 걱정하는 사람이 있는가 하면, 밝은 미래를 위해 지금 열심히 재교육을 받는 사람도 있다.

아내는 매우 긍정적인 사람이다. 긍정으로 속이 꽉 찬 사람 같다. 아내는 유복한 환경에서 자라지 않았다. 하지만 말과 행동이 항상 긍정적이었다. 학원에서 상담선생님으로 일하던 아내의 책꽂이에는 긍정과 관련된 책들이 누렇게 꽂혀 있었다. 시간만 나면 그 책들을 반복해 읽고, 원생들이 오갈 때면 항상 힘이 되는 말을 해주었다. 원생들도 아내의 긍정적인 말에 힘을 얻어 열심히 공부했다. 그녀는 그런 긍정의 마인드로 우리 집 아이들도 키웠다. 어렵고 힘든 일이 있을 때마다 아내의 긍정적인 말은 아이들을 일으켜 세웠다.

딸아이가 시골에서 불놀이를 하다 반쯤 비어 있던 페인트 병이 폭발해 얼굴에 3도 화상을 입은 적이 있었다. 현지에서 응급 치료를 한 후 서울로 올라와 병원 치료를 받은 딸은 화상이 신경 쓰였는지 모자를 눌러 쓰고 고개를 숙인 채 학교에 가곤 했다. 이러면 안 되겠다 싶었는지 아내가 딸을 설득해 그 해 반장 선거에 나가게 했다. 초등학교 때에도 반장 한 번 해보지 못했던 소극적인 딸아이에게 아내는 "이제 얼굴 다 나았다. 아니, 오히려 더 예뻐진 것 같다. 그러니 자신 있게 도전해 봐"라며 동기부여를 해주었다. 그 해 딸아이는 생애 처음으로 반장이 되어 많은 일들을 해나갔고, 점차 밝은 성품의 소유자로 변해갔다.

이처럼 긍정이 우리에게 미치는 영향은 매우 크다. 긍정은 에너지를 확산시켜 주위를 밝게 한다. 그래서 긍정적인 사람 옆에 있으면 괜히 행복하다. 반면 부정적인 사람 옆에 있으면 자신도 모르게 부정적으로 된다. 긍정은 새로운 일을 시작할 때에도 힘을 준다. 남들이 안 된다고 해도 마음속으로 '너는 할 수 있어'라고 하면 그 일을 시작할 수 있다.

긍정은 사물이나 상황을 다각도로 보게 한다. 그래서 이 방법이 아닐 때 다른 방법을 생각할 수 있게 한다. 긍정은 우리를 먼 지평선 너머 상상의 세계인 유토피아로 인도한다. 앞길이 뚜렷히 보이지 않거나 막막할 때에도 긍정은 우리를 앞으로 나아가게 한다. 긍정적인 사람은 미세한 희망의 소리를 들을 줄 알며, 작은 가능성에 대한 기대를 가지고 도전하도록 만든다.

우리가 아이들을 긍정적으로 키워야 한다는 것은 아무리 강조해도 결코 지나치지 않다. 당신이 진정한 부모라면 아이들의 숨어 있는 잠재적 가능성을 찾아내 북돋아야 한다. 아이들이 자신이 지닌 가능성을 발견해 무한한 재능과 능력으로 키우도록 해주어야 한다. 그러기 위해서는 부모가 먼저 긍정적인 사람이 되어야 한다. 긍정 속에서 성장한 아이들은 미래의 리더가 될 확률이 매우 높다. 그런 아이들이야말로 수많은 위기를 기회로 바꿔 지금보다 나은 세상을 만들어갈 것이다.

좋은 인성으로 기본기를 쌓는다

일반적으로 사람들은 인성(Personality)을 성품이나 인격(Character)과 비슷한 개념으로 생각한다. 하지만 정확히 말하면 이 둘은 전혀 다른 개념이다. 성품이나 인격이 도덕적 특성을 포함한다면, 인성은 도덕적 특성은 물론 개인의 취미와 성격까지 포함하는 포괄적 개념이라고 할 수 있다. 하지만 이 책에서는 이것들은 동일한 개념으로 다루기로 한다.

회사나 학교와 같은 조직에서 인성이 그 가치를 제대로 인정받지 못할 때가 많다. 대개 인성과 성품이 좋은 사람은 조직에서 인기가 많다. 그런 사람을 부하 직원으로 두면 상사는 매우 편하다. 문제는 진급 심사에서 상사가 부하 직원을 성과나 인맥 위주로 냉정하게 결정한다는 데 있다. 상사는 그런 직원에게 '저 사람은 착한데 업무 처리 능력이 아쉽다'라며 자신의 판단을 합리화하는 선택을 한다.

일선 학교 교사들은 학생들을 인간답게 만들려고 노력해야 한다. 그런데 정작 대학 진학에 필요한 자기소개서에 성품 관련 기술은 반 페이지 정도밖에 되지 않는다. 자기소개서의 배점은 여전히 80% 이상이 학교 성적에 의해 결정된다. 정책적으로는 인성교육을 강조하지만 교육 현장에서 인성에 대한 평가는 너무나 다르게 취급되고 있는 것이다.

그래서일까. 언제부터인가 인성교육은 가정에서 하는 것쯤으로 그 의미가 퇴색해 버렸다. 그렇다 보니 정작 사회생활을 할 때야 비로소 인성의 문제점이 드러나게 된다. 학생 때까지 힘들여 쌓아올린 노력의 공든 탑이 인성 부족 하나 때문에 한꺼번에 무너지는 상황이 발생하는 것이다.

"소기업은 경영, 중견기업은 관리, 대기업은 사람 됨됨이가 최고의 가치다"라는 말이 있다. 이 말을 들으면 인격은 대기업에서나 필요하다고 생각하기 쉽다. 하지만 인성은 기업 규모나 직종, 직위에 상관없이 모두에게 요구되는 가장 중요한 덕목이다.

어학원을 운영할 때 가장 중요하면서도 힘들었던 것이 선생님을 채용하는 일이었다. 학생 한 명 한 명을 소중히 여기고 가르치며, 실력은 물론 학생들의 마음을 헤아리고 동기부여할 줄 아는 선생님들을 채용하고 싶었다. 그래서 심층면접 과정에서는 지원자의 스펙보다 학생들을 제대로 이해하고 성심성의껏 지도할 수 있는지 확인하는 데 많은 시간을 할애했다.

우리 학원은 연중 주요 이벤트로 초등부에서는 미·인·대·칭, 즉

'미소, 인사, 대화, 칭찬'을 하는 운동을 펼쳤다. 중등부에서는 잔·다·르·크·짱, 즉 '존귀, 다름, 리더십, 긍정, 장점'을 자극하는 운동을 실시했다. 그리고 매년 5월이면 선생님과 운전기사님과 전체 학생을 대상으로 투표를 실시한 후 시상을 했다.

나는 '학(學)'이란 글자를 학생들이 마음이 편할 때 공부를 제대로 할 수 있다는 의미로 받아들였고, 학생들이 바른 가치관과 인성을 갖출 때 학업을 효과적으로 수행할 수 있다고 여겼다. 그래서 이 글자를 교무실에 붙여 놓았다. 선생님들이 이를 의식해 학생들의 마음을 이해하고, 인성교육을 수업 중간 중간에 지도하도록 의도한 것이었다.

인성교육은 식물을 키우는 것과 같다. 식물을 키우는 초기에는 물을 조금씩 주어야 하듯 인성교육 초기에는 조급함을 버려야 한다. 겨울을 지내는 동안 아무 탈 없이 배양되고 자라난 나무들은 파릇파릇해 보이지 않지만 새해가 되서 물을 주면 다시 파랗게 자라 어떤 나무는 창문 높이까지 성장하기도 한다. 식물처럼 인성은 전 생애에 영향을 미친다. 인성교육을 통해 좋은 성품을 가진 사람은 중도에 방황을 할지라도 금세 제자리로 돌아온다.

인성을 기르는 중요한 덕목은 매우 많다. 그중 하나가 바로 정직이다. 미국에서 최고경영자로 인정받는 GE의 전 회장 잭 웰치(Jack Welch, 1935~2020)는 비즈니스의 가장 큰 덕목으로 '정직과 솔직함(Candor)'을 꼽았다. 그는 회사 내에서는 물론이고 회사 간에도 정직하지 않거나 솔직하지 못한 것이야말로 가장 큰 손해를 끼친다고 말했다.

직장인들은 솔직하게 대답하지 않거나 필요한 비판도 잘 하지 않는 경향이 있다. 사람들 간의 갈등을 피하고자 입을 닫는 것이다. 관계를 지속하기 위해 나쁜 소식을 좋게 말하기도 한다. 자신이 정당하게 평가받고 있다고 생각하는 사람도 10%가 채 되지 않는다. 이렇듯 많은 직장인들이 자신의 생각이나 의견을 드러내지 않고, 나쁜 평가에도 별다른 이견이 없는 것처럼 행동한다.

그렇다면 정직은 정말 좋은 것일까? 정직이 주는 가장 큰 이점은 뭐니 뭐니 해도 사람들과의 대화를 즐겁게 하고, 아이디어를 풍부하게 한다는 데 있다. 또한 정직은 업무 속도도 빨라지게 한다. 활발한 토론을 통해 사고의 개념이 확장되고 업무가 개선되기 때문이다. 비용도 절감된다. 거짓말이 많고 마지못해서 하는 회의는 시간만 낭비할 뿐이다.

그런데도 왜 사람들은 정직하지 않은 것일까? 정직은 어릴 때 가정에서부터 길러진다. 어릴 때는 나쁜 소식을 접해도 친구들과 잘 지내기 위해 그것을 숨기거나 축소하는 경향이 있다. 친구들을 불편하지 않게 하기 위해서 거짓말을 하는 것이다. 좋은 게 좋고, 쉽게 가는 게 좋다고 생각하는 것이다.

소탐대실(小貪大失)이라는 말이 있다. 작은 것을 욕심내다 큰 것을 잃는 어리석음을 가리킬 때 사용한다. 당장은 손해라고 생각되지만 긴 보상을 받는, 정말 가치 있는 성품이 바로 정직이다. 부부 사이를 생각해보라. 정직하지 않은 가정은 위태롭다. 친구 사이에도 정직함이 없다면 서로에게 실망하고 멀어진다.

우리는 사람 앞에 정직하고 진실해야 한다. 또한 언어, 행동, 약속도 정직하고 진실해야 한다. 그리고 무엇보다 자신의 삶에 정직하고 진실해야 한다. 학생은 학업과 자신의 사명 앞에 정직하고 진실해야 한다. 그러면 모든 것은 때가 되어 드러나게 마련이다.

학교에서 지식만 가르치면 '가슴 없는 사람'이 되기 쉽다. C. S. 루이스는 《인간 폐지》에서 이것의 위험을 언급하며 인간성의 종말로 이어질 것을 경계했다. 인공지능 시대에 정작 우리를 가장 인간답게 하는 것이 바로 성품교육이다. 아이들에게서 머리와 가슴이 분리되어서는 안 된다. 머리만 커지고 가슴이 점점 작아지는 인간의 모습은 상상하는 것만으로도 무척 괴로운 일이다. 성품교육을 외면하면 가정은 물론 지역 사회와 국가적으로도 그 폐해가 막대하다.

이제 더 이상 학교나 가정에서 성품교육을 외면하거나 방임해서는 안 된다. 아이들에게 성품을 교육하지 않는 것은 자동차에 브레이크를 장착하지 않는 것과 같다. 인공지능에는 인성이 없다. 차가운 인공지능에 풋풋한 사람 냄새를 입히고, 인간을 풍요롭게 만들기 위해서는 가정과 학교에서 더 많은 인성교육이 필요하다.

'후츠파' 정신으로 도전정신을 키운다

우리나라의 강원도만한 크기에 인구가 경기도민 정도밖에 안 되는 나라, 바로 이스라엘이다. 하지만 이스라엘을 세운 유대인들은 전체 노벨상 수상자 중 약 20%를 차지한다. 이스라엘에는 미래의 먹거리가 될 기술 관련 스타트업이 2021년 기준 약 4,000여 개가 존재한다. 그뿐 아니라 세계 500여 개 기술 관련 대기업 중 중 약 80여 개가 이스라엘에 지사를 두고 연구·개발 등을 진행하고 있다.

어디 그뿐인가. 전 세계 기술 관련 생태계 지역으로 1위인 미국의 실리콘밸리에 이어 이스라엘의 텔아비브가 2위를 차지하고 있으며, 나스닥에는 미국 기업과 중국 기업 다음으로 이스라엘 기업이 가장 많이 상장되어 있다. 애플, 구글, 인텔, 마이크로소프트, 페이팔, 아마존, IBM 등 세계적인 기업들도 이스라엘의 벤처산업과 손을 잡고 있다. 이스라엘은 GDP의 25.4%를 연구·개발비에 투자한다. 이들이 얼마나 기술

개발에 힘쓰고 있는지를 알 수 있는 대목이다.

이러한 이스라엘의 모습 이면에는 '뻔뻔함'으로 해석되는 '후츠파 (Chutzpah) 정신'이 있다. '후츠파 정신'은 목적을 이루기 위해 당당하게 요구하고 도전하는 모험 정신을 뜻한다. 심지어 이스라엘이라는 나라 이름에도 후츠파 정신이 담겨 있다. 이스라엘이라는 이름은 하나님과 겨루어 이긴다는 뜻이다. 이렇게 뻔뻔한 이름을 가진 나라는 전 세계에서 아마 이스라엘밖에는 없을 것이다.

아랍에미리트에 위치한 두바이의 경우, 국제 펀드 유치를 위해 세금 면제, 낮은 임대료 등을 내걸고 많은 글로벌 대기업 등에게 손짓을 보내고 있고 있다. 궁극적으로 자국의 기술벤처를 양성하기 위해서다. 하지만 두바이의 기술벤처는 아직 이스라엘만큼 성공을 하지 못하고 있다. 이들에게는 유대인들의 '후츠파 정신' 같은 것이 없기 때문이다.

우리나라도 기술벤처가 많고 그린뉴딜 등 정부지원 패키지도 많지만 아직 활성화되지 않은 것이 현실이다. 정부 차원에서 해결할 수 없는, 개인적 특성에 기인한 한국형 '후츠파 정신'이 없기 때문이다. 그래서 윤종록 전 미래창조과학부 제2차관은 가는 곳마다 '후츠파로 일어서라'고 외쳤다. 하지만 그렇게 외쳐도 후츠파 정신이 하루아침에 생기지 않는다는 것이 문제다.

유대인 특유의 '후츠파 정신'은 고등학교 졸업 후 입소하는 '키부츠'라는 군사적 집단문화에 의해 육성되었다. 역사적으로 보았을 때 고대 이스라엘 출신의 유대인들은 이집트를 탈출한 후, 하나님의 '약속의 땅'인가나안으로 갔다. 성경에서 그곳은 '젖과 꿀이 흐르는 땅'으로 기록되어 있었지만, 막상 도착해보니 사막이 많고 척박한 땅이었다. 하지만 그들은 거기에 물을 대고 포도원을 만들어 결국 사막을 '젖과 우유와 꿀이 나는' 땅으로 만들었다. 그런 경험을 했던 그들이 최근 들어서는 기술 분야까지 선도하고 있다. 전 세계에 흩어진 유대인들과 결합해 기술혁명에 가장 적극적인 나라로 나아가고 있다.

과거 우리는 뻔뻔하고 당돌하면 예의가 없다고 간주했다. 얌전하게 있는 듯 없는 듯 해야 사람들에게 인정을 받았다. 수업 시간에 질문을 하면 '쟤는 왜 저러지' 하며 잘난 척한다고 눈총을 받았다. 하지만 이제는 달라졌다. 자기 PR 시대다. "침묵은 금이다"라는 말은 이제 옛말이 되었다. 성공한 경영자로 인정받는 이병철 회장, 정주영 회장 등을 생각해보라. 그들은 생전에 뻔뻔하지만 당당하게 사업에 도전해 큰 기업을 일궈냈다.

이제 우리도 이스라엘처럼 '한국형 후츠파 정신'으로 아이들을 길러야 한다. 유교의식에 갇혀 얌전히 있다가는 조용히 사라질 뿐이다. 그러기 위해서는 부모들이 자녀들을 용기와 기백을 가진 아이로 키워야 한다. 그리고 '한국형 후츠파 정신'을 교육과 산업 현장에 서둘러 도입하지 않으면 안 된다.

한 번은 교회 원로 목사님과 대화를 나눈 적이 있다. 목사님께서는 자신이 신학생이었을 때의 경험을 말씀하셨다. 다음은 그분께서 말씀

하신 내용을 요약한 것이다.

어느 교회에 전도사 자리가 났다고 한다. 목사님은 기숙사에서 같은 방을 쓰는 선배에게 자기가 그 교회 전도사로 면접 시험을 치르게 되었다고 말했다.

그랬더니 대뜸 "너는 안 된다"며 "그 교회가 어떤 교회인 줄 알아? 쟁쟁한 경력을 지닌 전도사도 몇 달을 버티지 못한 교회야. 너는 안 돼"라고 말했다고 한다. 목사님은 속으로 '그래. 내가 아직은 부족하겠지'라고 생각했다고 한다. 그런데 선배가 자리를 뜬 후 한참을 앉아 있는데 속이 너무 상했다고 한다.

그래서 목사님은 식당으로 가서 선배에게 냅다 큰 소리로 "내가 왜 안 돼! 내가 왜 안 되는 건데!"라고 고함을 질렀다고 한다. 그러자 깜짝 놀란 선배가 "누가 뭐래? 그래, 돼"라며 꼬리를 내렸다고 한다. 주위 사람들은 무슨 영문인지도 모르고 당황했음은 물론이다.

목사님은 결국 그 교회로 가서 전도사의 사역을 훌륭하게 해냈고, 그 후 부산으로 내려가 개척교회를 성공시킨 다음, 부천에 있는 교회를 크게 부흥시켰다. 이 이야기를 들으며 필자는 목사님께서 스스로 '후츠파 정신'을 실행한 것이라 생각되었다. 많은 사람 앞에서 기죽지 않고 "내가 왜 안 돼!"라고 외칠 수 있는 용기를 가지셨기 때문이다.

우리는 도전을 말할 때 항상 끈기를 함께 언급한다. 도전은 한 번으로 끝나는 것이 아니라 끊임없이 반복할 때 비로소 이루어지기 때문이다. 여기서 끈기(Tenacity)란 '고집'이나 '외골수'와는 달리 긍정적인 개념이다. 끈기 있게 도전한 대표적인 인물로 우리는 KFC 치킨 체인점을 설립한 샌더스 소령을 들 수 있다.

샌더스의 아버지는 일찍 세상을 떠났고, 어머니는 재혼을 했다. 어린 샌더스는 의붓아버지의 폭력을 참지 못하고 열다섯 살에 가출한다. 농사를 지으며 생활하다가 나이를 속여 군대에 지원했지만 4개월 만에 쫓겨난다. 그 후 샌더스는 직장에 들어갔지만 해고를 여러 번 경험한다. 이를 본 샌더스의 아내는 아이를 남겨 둔 채 집을 나가고 만다.

몇 군데서 일을 한 후 마흔 살이 된 샌더스는 주유소에서 치킨을 팔게 된다. 몇 년 후 식당이 딸린 모텔을 사서 치킨을 팔았지만, 곧 재개발로 모텔은 헐리고 만다. 하지만 그는 포기하지 않고 다시 근처에 모텔을 짓고 영업을 시작한다. 그런데 이번에는 새로 뚫린 고속도로 때문에 손님들이 자신의 모텔을 찾지를 않자 어쩔 수 없이 매각하게 된다.

그 와중에 샌더스는 새로 개발한 치킨을 프랜차이즈로 팔기 위해 전국을 누비고 다닌다. 그 때 나이 예순 다섯이었다. 그의 새로운 치킨 요리법은 1천 번 넘게 거절을 당했지만 오늘날 KFC는 세계 2위의 치킨 프랜차이즈가 되었다. 어린 샌더스에게 가정은 좋은 영향을 끼치지 못했다. 하지만 그는 긍정 마인드로 역경에 무릎 꿇지 않고 자신의 꿈을 이루었다.

최근 젊은 세대의 인구수가 줄면서 사회 전체가 고령화되고 있다. 그로 인해 혁신 동력과 에너지까지 쫄아들고 있다. 이럴 때일수록 우리 사회는 '한국형 후츠파 정신'을 가진 인재들이 필요하다. 이들이 자신의 꿈을 펼칠 수 있도록 가정과 사회의 어른들이 '한국형 후츠파 정신'을 장려하고 이끌어야 할 것이다.

잘 연결하는 사람이 미래를 지배한다

스티브 잡스의 '점 연결하기(Connecting the Dots)'는 많은 이들에게 널리 알려져 있다. 엘리트 부모에게 버림받은 잡스를 그의 양부모는 어려운 환경에도 불구하고 대학까지 진학시켰다. 하지만 양부모의 경제 상황이 어렵다는 것을 안 잡스는 대학을 중도에 그만둔다.

그 사이 잡스는 자기가 좋아하던 '캘리그라피' 관련 과목을 대학에서 청강한다. 그는 서체의 아름다움에 매료된다. 이 경험은 훗날 매킨토시 컴퓨터의 서체를 마련하는 중요한 계기가 된다. 그는 비록 대학을 졸업하지는 못했지만 대신 캘리그래피를 만났고, 그것을 매킨토시 컴퓨터와 스마트폰에 연결했다. 우리는 이처럼 이질적이고 관계가 전혀 없는 것처럼 여겨지던 사건이나 경험을 나중에 삶 속에서 연결하고 통합해 성과를 얻곤 한다.

필자는 바닷가 근처에서 태어났다. 그래서일까. 바다 너머 세계에 대한 동경심이 있었다. 하지만 세계는커녕 국내 여행도 쉽지 않은 시절이었다. 그러다가 카투사로 복무할 때 매주 일요일이면 미군들이 관광버스를 빌려 국내 유명 관광지를 여행한다는 것을 알게 되었다. 한국인 고참에게 말만 잘 하면 갔다 올 수도 있었다. 하지만 주일 예배에 참석하느라 한 번도 가지를 못했다. 필자는 그 대신 '군 생활 때 가지 못한 여행을, 천국에서라도 많이 가게 해주세요' 하고 기도했다.

대학을 졸업한 후 종합상사에 입사하고부터는 세계 개척이라는 꿈을 품었다. 하지만 기획부서와 지역관리 부서에 근무하다 보니 좀처럼 해외 근무의 기회를 얻지 못했다. 그러다가 이라크에서 열린 박람회 참가를 시작으로 비행기를 타게 되었다. 그 후 자동차 수출 부문이 만들어지면서 중남미 자동차 수출 본부로 발령을 받아 해외 출장을 자주 가게 되었다. 카리브의 13개 섬나라를 이십삼일 만에 주파해 단회 최다국 출장자로 당시 대우그룹의 미니 기네스북에 오르기도 했다. 영국, 러시아, 카자흐스탄 등지로의 장기 출장도 빈번히 있었다.

퇴사 후에는 김우중 회장의 신화를 재현(?)하겠다며 동대문시장에서 의류 샘플을 사서 필리핀과 베트남으로 수출하는 것을 탐색하기도 했다. 그 후 인도와 네팔 등 40개가 넘는 나라를 돌아다녔고, 사업을 하면서 시야를 넓게 되었다.

그러고 나서는 영어 학원을 운영했다. 그동안 내가 찍었던 이런 인생의 '점'들은 미래에 제자들을 통해 연결될 것이다. 그 점이 어디로 어떻게 연결될지는 알 수 없다. 살다 보면 잘 보이는 큰 점들도 있지만 눈에 잘 띄지 않는 작은 점들도 있다. 그 점들을 연결하면 나름대로 의미 있는 선을 만들 수 있다.

학습도 점 연결하기가 존재한다. 학습을 하다 보면 단어와 단어, 문장과 문장이 연결된다. 즉, 글의 첫 단어와 마지막 단어를 놓고 해석하면 나름대로 의미를 유추할 수가 있다. 또한 글 속에서 가장 중요한 단어를 찾으면, 그 단어가 주변 단어와 어떻게 연결되는지도 파악할 수가 있다. 또한 인과관계 등을 통해 사건과 사건이 어떻게 연결되는지를 파악하면 통찰력을 가질 수도 있다.

그렇다면 아이들에게 점을 연결하는 법을 알려주려면 어떻게 해야 할까?

생활 속에서도 그러한 원리를 알려줄 수가 있다. 우리가 매일 숨을 쉬며 내뱉는 이산화탄소는 지구 온난화를 초래하여 이상기후를 일으킨다. 이를 아이들에게 설명하려면 숨-이산화탄소-지구 온난화-이상기후를 연결해 보여주면 된다. 그러고 나서 숨 대신 이산화탄소를 일으키는 다른 요인들을 찾아 대입해 보여준다. 이런 과학적 상식에 기반해서 연결하는 법을 가르쳐주면 아이들은 호기심이 생기고, 새로운 각도로 사물이나 현상을 이해하게 된다.

그림책을 활용하는 것도 방법이다. 사람의 다리가 있는 그림이 있다고 가정해보자. 각 부위의 명칭을 알려주는 것도 물론 중요하겠지만,

'다리'를 활용해 할 수 있는 것에 대해 대화를 나누는 것도 필요하다. 우선 농구, 축구, 높이뛰기를 할 때 사용하는 다리에 대해 대화를 나눌 수 있을 것이다. 그리고 다리가 아플 때는 의사의 처방을 받아야 한다며 대화를 병원으로 확장할 수도 있을 것이다. 이처럼 그림책이나 교과서를 통해 다양한 분야로 의미를 연결하거나 확장할 수도 있다. 그러기 위해서는 어떻게 해야 아이의 생각을 더 넓고 깊게 키울 수 있을까를 고민해야 한다.

또한 자녀의 재능이나 관심을 점으로 연결해보는 것도 좋다. 그러기 위해서는 최초의 점, 즉 자녀가 무엇을 잘 하는지, 앞으로 잘 할 수 있는지를 세심하게 관찰해야 한다. 그것이 뚜렷하게 드러나면 다음 점을 만들어 이어가기가 쉽다. 그래서 현명한 부모는 자녀의 말 한마디, 행동 하나도 예사로이 듣거나 보지 않는다.

아이들의 꿈도 점을 연결하듯이 이루어진다. 시골 냇가에 가면 징검다리를 볼 수 있다. 징검다리를 하나씩 건너면 맞은편 목적지에 다다를 수 있다. 때로는 간격이 일정하지 않을 때도 있고, 어떤 때는 홍수로 몇 개의 징검다리가 떠내려가기도 한다. 그럼에도 불구하고 사람들은 다시금 돌을 놓아 다음 징검다리와 연결한다.

대나무 중 최고로 치는 종으로 모소대나무가 있다. 중국 동쪽 지방에서 주로 자라며, 일명 '모죽(毛竹)'으로도 불린다. 이 대나무는 땅이 척박하든 기름지든 씨를 뿌리고 나면 4년 동안 3cm밖에 자라지 않는다.

하지만 5년차가 되면 죽순이 하루에 30cm 가까이 쑥쑥 자라며 폭발적으로 성장한다. 그리고 나면 15m 이상 자라나 텅 비어 있던 대나무밭이 빽빽하고 울창한 숲으로 변한다.

그렇다면 모소대나무는 왜 4년간 성장이 멈춰 있는 것일까? 여기에 의문을 품은 학자들이 땅을 파 보았더니 대나무의 뿌리가 사방으로 뻗어 내려가 땅속 깊숙이 자리를 잡고 있었다고 한다. 그동안 전혀 자라지 않는 것처럼 보였지만 실은 깊고 넓게 뿌리를 내리며 성장하고 있었던 것이다. 그리고 5년째 되는 해에 그 뿌리들로부터 엄청난 자양분을 흡수하여 순식간에 세상에 그 위용을 드러냈던 것이다.

아이들은 모소대나무와 같다. 성장이 느려 보여도 그들은 내면이 성장하고 있는 것이다. 그러니 아이들의 재능, 관심, 꿈에 대해 조급함을 가져서는 안 된다. 점과 점을 꾸준히 연결해야 하나의 그림이 만들어지듯이, 아이들이 자신만의 그림을 그릴 수 있도록 충분히 여유를 가져야 한다. 아이들의 성취는 과거 실패했거나 성공했던 경험, 새로이 습득한 기술과 아이디어, 새로운 도전 등이 서로 연결되어야 비로소 나타나기 때문이다.

문제 해결 능력으로 시련을 극복한다

개인, 가정, 기업, 국가 어디든 문제가 없는 곳은 없다. 각각의 사람들에게 얼마나 많은 문제를 가지고 있냐고 물어보면, 적게는 다섯 개에서 많게는 열 개가 넘을 것이다. 아이들도 학습 문제를 포함해 크고 작은 문제들을 가지고 있다.

'문제(問題)'라고 하면 사람들은 부정적인 의미를 먼저 떠올리지만, 이는 '해답에 대한 물음'을 뜻한다. 영어로는 'Problem'으로 'Pro'는 '앞에', 'blem'은 '놓다, 던지다'의 의미를 갖고 있다. 즉, 'problem'은 '앞에 두다'를 의미한다. 따라서 문제에 직면해 있을 때는 당황하지 말고 답을 찾으려고 앞으로 나아가려는 마음을 먹어야 한다.

모든 문제에는 양면성이 있다. 문제의 단점만 보고 피하려고 하면 인생에서 실패할 가능성이 높다. 하지만 문제에도 장점이 있다는 것을 믿고 해답을 찾으려는 사람은 그 문제를 해결하고 성공에 이르게 된다.

우리 주위에는 문제를 통해 새로운 제품이나 아이디어를 창출한 사람들이 무수히 많다. 그들의 책이나 이야기를 읽어보면 어떤 문제에서 무엇을 찾았고, 무엇을 만들어 냈는지 알 수 있다.

유명 방송인 백종원 씨가 출연하는 '골목식당'이라는 프로그램이 있다. 그 프로그램에서 백종원 씨는 우리 주변 곳곳에 위치한 식당의 문제점을 찾아내서 해결 방안을 제시한다. 한번은 한 식당 여사장님이 통곡을 하며 눈물을 보이는 장면이 방송되었다. 떡볶이 장사를 20년 이상한 그녀에게 백종원 씨가 제공한 해결책은 고추장을 두 숟가락 더 넣으라는 것이었다. 그러자 맛이 한결 좋아지고 고객이 늘어났다. 식당 여사장님은 자신이 그동안 왜 그것을 몰랐는지 화도 나고 속이 상해서 울음을 터트렸던 것이다.

문제에 대한 해답은 이처럼 멀리 있는 것이 아니다. 우리 주변에, 그것도 바로 앞이나 옆에 있는 경우가 많다.

후쿠시마 마사노부가 쓴 《멘토링 노하우》에도 그와 비슷한 사례가 나온다.

음식점을 경영하는 한 기업가가 있었다. 점포 세 곳을 운영했는데 아무리 열심히 일해도 매달 적자가 발생했다. 그는 좋은 방법이 없을까 고민했다. 하지만 이렇다 할 해결책을 찾지 못했다.

그러던 어느 날 이제 막 말을 배우기 시작한 아이가 아빠에게 무언가를 말하려고 했다. 발음이 정확치는 않았으나 자세히 들어보니 "아빠는 우리나라 최고"라고 말하고 있었다. 순간 그는 눈물을 흘렸다. 아이의 말에 그렇다고 자신 있게 답할 수 없는 자신이 부끄럽고, '아, 난 정말 못난 사람이구나' 하는 생각이 들었다. 아이의 말에 "그래, 아빠 우리나라 최고야"라고 당당하게 말해주고 싶었다. 이대로 포기할 수 없었다. 그는 다시 마음을 다잡고 개선을 시도했다.

서비스를 비롯해 맛까지 연구에 연구를 거듭해 나갔다. 처음에는 사원들의 반대도 심했다. 그러나 그의 의욕을 꺾지는 못했다. 그 결과, 마침내 그의 노력이 결실을 맺어 새로운 요리가 고객들에게 사랑받게 되었고, 2년 만에 점포를 스물다섯 개로 확대할 수 있었다.

때로는 다른 사람의 문제를 해결하는 과정에서 자신의 문제를 해결하는 경우도 있다. 누구나 자신이 처한 문제를 해결하는 데에만 골몰하게 마련이다. 그런데 때로는 다른 사람의 문제 해결을 돕다가 자신의 문제가 해결되는 경험을 하기도 한다. 역지사지, 즉 타인의 입장에서 생각하다가 더 좋은, 더 독창적인 아이디어가 나오는 순간을 경험하는 것이다. CnE 혁신연구소의 곽숙철 소장이 쓴 글에서 이에 대한 좋은 사례가 등장한다.

1979년, 젊은 디자이너인 패트리샤 무어(Patricia Moore, 1952~)는 일어나자마자 노인으로 변장했다. 자신의 몸을 보조기구에 묶어 허리를 굽게 만들고, 매혹적인 적갈색 머리카락을 흰색 가발로 감추었다. 눈썹도 노인처럼 회색으로 그렸다. 여기에 그치지 않고 진짜 노인처럼 느끼기 위해 자신의 귀를 제대로 들을 수 없도록 했고, 앞도 제대로 볼 수 없도록 특수 안경을 썼다. 그리고 지팡이 하나를 들고 건물 밖으로 나갔다.

이렇게 한 데는 나름의 이유가 있었다. 자신의 할머니가 나이가 들어 몸이 점점 쇠약해지자 감자 껍질을 벗기는 일이나 우유팩을 여는 일은 물론 냉장고 문을 여닫는 것조차 힘들어 해서 요리하는 즐거움을 포기하는 것을 안타깝게 생각했기 때문이다. 그래서 그는 수많은 할머니들을 위한 제품을 개발하려는 디자이너들이 거의 없다는 것을 알고 자신이 그 일을 하기로 결심했던 것이다.

노인으로 변장하여 체험을 해보니 세상의 많은 것들이 노인을 위해 디자인되지 않았음을 느낄 수 있었다. 약병은 열기 어려웠고, 시내버스를 타는 것조차 노인들에게는 너무 위험했다. 그녀의 실험은 3년 동안 캐나다와 미국 전역에 걸쳐 몰래 시행되었다. 패트리샤 무어는 이런 경험을 통해 세상을 다른 시각으로 보게 되었다.

늙는다는 것은 본질적인 문제가 아니었다. 진짜 문제는 다른 곳에 있었다. 노인들이 감자 껍질 벗기는 기구를 제대로 사용할 수 없는 것은 사용하는 사람이 아니라 기구 자체에 문제가 있다는 것이었다. 노인들이 힘이 부족해 약병 뚜껑을 열지 못한다면 문제는 노인의 나약한 근력에 있는 것이 아니라 바로 뚜껑에 있다는 것이었다. 그녀는 우리들이 만든 제품과 건축에 의해 얼마든지 '장애'를 극복할 수 있고, 나이가 건강에 의해 결정되는 것이 아니라는 것을 깨달았다.

패트리샤 무어의 이러한 깨달음은 디자이너들에게 새로운 길을 열어 주었다. 그녀의 실험을 바탕으로 보잉과 도요타 등 세계적인 기업들이 제품을 개선하여 기업을 성장시킬 수 있었고, 소득을 극대화할 수 있었다. 그동안 많은 기업들이 믿어왔던 것과 달리, 노인들은 단순한 틈새 시장이 아니었다.

아이들이 눈앞의 문제를 어른처럼 풀기란 쉽지 않다. 또한 다른 사람을 도우면서 새로운 시각으로 기존의 문제점을 개선하기도 쉽지 않다. 하지만 크든 작든 당면한 문제를 해결하다 보면 더 나은 능력을 가질 수가 있다. 물론 문제를 해결하기까지는 많은 역경과 시련이 따를 것이다. 때로는 문제 앞에서 절망하거나 포기할 수도 있다. 이럴 때는 다시 일어설 수 있도록 도와주면 된다.

단, 자녀 스스로 최대한 문제를 풀도록 한다는 원칙을 깨뜨려서는 안 된다. 스스로 해결하는 능력을 익히지 않으면 문제에 직면할 때마다 힘들어 할 것이기 때문이다. 그리고 문제를 해결하지 못하거나 실수를 하더라도 격려를 해야 한다. 아이들이 가진 가장 큰 문제는 문제를 풀지 않으려고 하는 데 있기 때문이다.

사람들은 문제에 봉착했을 때 대체로 다음과 같은 세 가지 반응을 보인다. 하나는 놀라서 무서워하는 것이고(frightened), 또 하나는 도망가는 것이고(fleeing), 또 다른 하나는 마주하고 싸우는 것이다(fighting). 결국 이 세 가지 F 중 하나를 택한다. 자녀가 직면한 문제에 무서워하거나 도망가지 않고 맞서 싸우도록 도와주는 것이 중요하다. 아이들 대신 살아줄 수 없기에 그들 스스로 문제를 즐기고 해결할 수 있도록 해주어야 한다.

혁신과 통합 능력으로 미래를 그린다

20세기 말 디지털 시대로 접어들면서 사회, 기술, 경제적 여건들이 크게 발전했다. 이를 토대로 최근 들어 5G 통신망, 사물인터넷(IoT), 인공지능, 플랫폼, 클라우드 등의 기술이 놀라운 수준으로까지 발전하고 있다. 어제와 다른 오늘이 매일 반복되면서 기술의 진화는 상상을 현실로 만들어가고 있다. 이제 우리가 해야 할 일은 이러한 기술 등을 조합하고 연결하여 부가가치를 높이는 것이라 할 수 있다.

최근 세계적인 기업들이 디지털 기술(Digital IT) 기업으로의 출범을 선언하고 있다. 아마존은 더 이상 책을 판매하는 온라인 서점이 아니다. 아마존은 빅데이터를 보관하는 클라우드 시장의 절대 강자다. 스타벅스는 또 어떤가. 커피를 파는 기업에서 IT 기업으로 새로이 탈바꿈하고 있다.

우리 기업들도 예외가 아니다. 대표적인 제조 기업이던 현대기아자동차도 더 이상 자동차 제조 회사가 아니라 기술 회사로의 혁신과 변신을 선언하고 있다. 이 외에도 내로라하는 기업들은 IT 기업으로의 혁신과 변신(Transformation)을 선언하거나 사업 전반에 IT를 적용하고 있다. 미래의 생존을 고민하는 대부분의 기업들이 기존 이미지를 벗고 IT 기업으로 거듭나기 위해 전력을 다하고 있다. 이렇다 보니 IT 인재들을 영입하기 위해 거의 모든 회사가 혈안이 되어 있다.

147년 역사를 자랑하는 세계 1위 투자은행인 골드만삭스는 전 세계 금융업계에서 콧대가 높기로 유명하다. 하지만 고객층을 엄선하며 까다롭게 굴던 골드만삭스가 이례적인 선언으로 시장을 놀라게 했다. 단돈 '1달러'짜리 예금도 인터넷으로 받겠다고 한 것이다. 한때 600명에 달하던 주식 매매 트레이더들도 두 명만 남기고 모두 해고했다. 그 두 명 또한 인공지능 컴퓨터를 보조하는 일을 한다고 한다.

골드만삭스는 데이터 분석으로 잠재고객을 파악해 대출을 시행하는 사이트 '마르커스'를 오픈하며 핀테크 분야에도 발을 내디뎠다. 골드만삭스 전 직원의 70%는 서른 살 안팎의 밀레니얼 세대로, IT 인력만 9,000여 명에 달한다. 이는 페이스북 전체 직원 수와 맞먹는 규모다. 그렇다면 무엇이 골드만삭스를 이렇게 만들었을까? 디지털 혁신과 변신을 하지 않는 기업은 도태할 것이라는 절박함과 위기의식이 그렇게 만들었다.

앞으로 기업 세계는 디지털 포식자(Predator)와 디지털 희생양(Prey)만

남을 것이라고 한다. 먹느냐 먹히느냐를 가르는 것은 디지털 혁신과 변신을 어떻게 하느냐에 달려 있다. 하지만 IT 부문을 조직하고 사람만 배치한다고 해서 모든 것이 이루어지는 것은 아니다. 전사적 혁신과 변신을 하기 위해서는 CEO를 포함해 회사 전 직원의 마인드 변화가 필요하다.

중요한 의사결정에는 디지털 책임자(Chief Digital Officer, CDO)가 참여해야 한다. 기술과 데이터로만 이 모든 혁신과 변신을 할 수 있는 것도 아니다. CDO는 최신 기술 트렌드를 파악하는 것은 물론 인문학적 통찰력도 겸비해야 하고, 의사소통도 잘 해야 한다. 이른바 디지털 마인드가 필요하다.

그렇다면 우리 아이들을 미래의 디지털 인재로 키우려면 어떻게 해야 할까? 우선 어릴 때부터 숫자나 데이터와 친해지도록 해야 한다. 거창하거나 용량이 큰 데이터를 가지고 할 필요는 없다. 가령, 날씨와 온도 등을 활용해도 된다. 이를 일 단위로 기록한 후 한 달 치를 데이터로 만들어 보면 어떤 패턴을 나타내는지 알 수 있다.

또한 차를 타고 가다가 빨간 신호등을 보고 정지선에서 멈추고 난 후 파란색 신호등으로 바뀔 때까지 몇 초가 지나는지 세어보게 하거나 지나가는 차량 중 무슨 색이 가장 많은지를 파악하게 하는 것도 방법이다. 엄마의 TV 시청 시간을 요일별로 기록한 후 어떤 프로그램을 선호하는지 알아보게 할 수도 있을 것이다. 이처럼 생활 속에서 일어나는 일들을 유심히 관찰하고, 이를 데이터로 만든 후 통계를 내 패턴을 파악하도록 한다면 숫자나 데이터와 비교적 쉽게 친해질 수 있다.

코딩을 가르치는 것도 좋은 방법이다. 코딩은 컴퓨터 프로그래밍을 말하는데, 이를 배우면 C+, 자바, 파이썬(Python) 등의 언어를 사용해서 홈페이지, 스마트폰 어플, 로봇 작동 리모콘 등을 만들 수 있다. 전문가가 아니라도 코딩을 활용하면 작은 알고리즘 단위로 문제 해결형 프로젝트를 컴퓨터 화면이나 스마트폰에 구현할 수도 있다.

프로그래밍 언어 실력뿐 아니라 창의성도 필요하다. 최근에는 학교에서도 코딩을 많이 가르치는데, 초기에 컴퓨터 언어에만 집중하면 재미를 느끼지 못할 수 있다. 이때는 쉽고 간단한 원리를 동원해 좋아하는 게임을 만들도록 하면 아이들이 큰 흥미를 가질 수 있다.

한때 테크노 CEO라는 용어가 유행한 적이 있다. 이과대나 공대 출신의 전문경영인을 일컫는 말이었다. 최근에는 디지털 인재라는 용어가 부상하고 있다. 이들이 STEM(과학, 기술, 공학, 수학; Science, Technology, Engineering, Math)에만 뛰어나야 한다고 생각하면 오산이다. 그와 더불어 요구되는 것이 인문학적 소양이다. 디지털 변혁을 이끌기 위해서는 고도의 통찰력, 직관, 창의성이 필요하다. 이것의 필요조건은 인문학적 소양과 의사소통 능력이다. 융합의 시대에 IT와 인문학은 이제 떼려야 뗄 수 없는 샴쌍둥이가 되었다.

인문학적 소양을 키워주려면 독서가 무엇보다 중요하다. 독서의 중요성이야 다들 알고 있을 테니 따로 설명하지 않겠다. 그 외에도 어릴 때부터 스토리텔링이나 음악, 그림을 가르치는 것도 좋다. 그리고 평소에 여행을 갈 때 역사나 사회를 연결해 설명해주고, 산책을 할 때도 자연과 친화감을 가지도록 대화를 하는 것이 좋다.

3장

자녀를
미래 인재로 만드는
10가지 방법

자기 주도성과 주인의식을 심어준다

"기성세대는 주입식 교육과 암기식 교육을 받으며 자랐습니다. 그래서 주어진 정답에 익숙합니다. 젊은 세대, 혹은 어린 세대는 다릅니다. 그들은 자신의 답을 스스로 만들어가야 하는 세대입니다."

100세를 넘은 철학자 김형석 연세대 명예교수(1920~)는 미래 교육에 대해 이렇게 말했다. 누구나 자녀를 사랑하겠지만, 그 전제는 자녀에게 자유를 주고 선택권을 주어야 한다는 것이다.

주입식 교육에 익숙한 우리 아이들에게 무엇보다 시급한 것은 자기 주도적 습관이다. 어떤 조직이든 주도적인 사람을 원한다. 우리는 모두 주도성을 지닌 존재로 태어났다. 그런데 어느 순간 주도성을 잃어버리고 수동적인 존재가 되어 버렸다. 왜 그럴까? 그 원인 중 하나는 우리를 둘러싼 사회·문화적 요인 때문이고, 다른 하나는 자기 주도 교육을 제대로 받지 못했기 때문이다.

우리 기성세대는 가부장적인 사회 분위기에서 순종이 미덕이라는 아시아권 유교문화의 영향을 받으며 자랐다. 그렇다 보니 무언가를 결정할 때 부모의 권위가 아이들의 선택보다 우선시되었다. 아이들이 자기 목소리를 내면 불경하게 비쳐졌고, 가정교육을 잘못 받은 것으로 취급되었다.

그러나 지금은 많이 변했다. 그렇다고 해서 반항이 자기 주도는 아니다. 자기 주도의 밑바탕에는 '자유'라는 개념이 포함되어 있다. 자기 주도적인 측면을 강조할 때의 자유는 인간 존엄성과 관계가 있다.

고대 그리스에서는 인간의 존재를 더욱 가치 있게 만들기 위해 자유라는 단어 뒤에 교육이나 학습이라는 단어를 붙였다. 교양 과목 또는 자유 과목으로 해석되는 'Liberal Arts'가 바로 그것으로, 당시에는 문법(언어 능력), 변증법(논리), 수사학(설득과 표현의 수단)을 가르쳤다. 이 세 개 과목을 공부함으로써 인간은 더 자유로워지고, 인간의 덕, 탁월성(arts의 어원인 arete의 본래 의미)이 더 커진다고 생각했다.

우리나라는 이 자유 과목 중 특히 변증법과 수사학에 제약이 많았다. 남북한이 대치하는 정치적 상황에서 표현의 자유가 억압된 것과 유교적인 사회 분위기에서 자유롭지 못한 것이 그 이유가 되었다.

그렇다면 미래를 살아갈 우리 아이들에게 자기 주도 학습을 가르치려면 어떻게 해야 할까? 무엇보다 자유 과목, 그중에서도 문학을 효과적으로 교육할 필요가 있다. 입시 교육 위주의 비문학만 가르칠 것이 아니라 문학 작품을 읽으며 상상력을 키우도록 해야 한다. 문학 중에서도 특히 시는 상상의 세계를 꿈꾸게 한다. 가끔은 불신과 불공정이 팽배한 현실로 인해 상상의 세계가 깨지기도 하지만, 여전히 문학의 세계는 인간을 가장 인간답게 만든다. 미술 작품도 상상력을 키우는 데 도움이 된다. 그림을 보면 화가의 의도와 상관없이 상상의 날개를 펼칠 수 있다. 자유 또는 교양 과목은 이처럼 넘치는 상상력으로 미래 인재를 양성하는 데 큰 역할을 한다.

자기 주도 학습은 관심 있는 것을 스스로 정해서 실행하는 것을 뜻한다. 아이들은 적절한 지도만 받는다면 무엇이든 자유롭게 잘 할 수 있는 능력을 가지고 태어났다. 하지만 성장하면서 점차 수동적으로 되어가고 있다. 아이들의 선택과 실수를 용인하는 문화가 필요한 이유다.

아이들은 성장 과정에서 형제나 친구들과 자주 비교를 당하곤 한다. 그러다 보면 자신의 장점보다 다른 사람이 가진 장점이 크게 보여 자존감이 떨어질 수 있다. 아이들은 상대적으로 잘 하는 부분이 있는가 하면 부족한 부분도 있다. 앞으로 더 개발할 부분도 있다. 중요한 것은 아이들이 자신의 장점에 주목하도록 해야 한다는 것이다. 그것을 갈고닦으면 자신감을 가지고 주도적으로 살 수 있다.

주도적인 삶에 대한 본능은 누구나 가지고 있다. 특히 아이들은 성장 과정에서 억압을 받거나 원치 않는 일들을 강요받으면 심리적인 질병으로 나타나거나 반항을 하게 된다. 심한 경우 불량한 아이가 될 수도 있다. 아이들이 울고 화내고 튀는 것은 주도적으로 살려고 하기 때문이다. 이 숨은 동기가 발휘되지 못하고 억제되면 자신감을 잃고 수동적으로 된다. 스스로 공부할 동기를 잃어버리면 끝내는 다른 사람을 따라하게 된다. 그러면 사회에 나와서 주도적이고 독립적으로 사는 데 어려움을 겪을 수밖에 없다.

한편, 우리는 아이들에게 조연이 되는 법도 가르쳐야 한다. 다음은 한 성당에서 있었던 일이다.

부활절을 앞두고 성당은 연극을 준비하고 있었다. 아이들을 정해 저마다 배역을 맡았다. 어떤 아이에게는 예수님 역을, 어떤 아이에게는 베드로 역을, 어떤 아이에게는 마리아 역을, 어떤 아이에게는 로마 군병 역을, 어떤 아이에게는 가롯 유다 역을 맡겼다.

그런데 문제가 발생했다. 가롯 유다 역을 맡은 아이의 엄마가 선생님을 찾아와 따지듯이 이렇게 물었던 것이다.

"아니, 왜 우리 아이에게 가롯 유다 역을 맡기셨어요? 기분 나쁘게……. 우리 아이가 뭘 잘못해서 이런 나쁜 역을 맡긴 거예요?"

그 물음에 선생님은 할 말을 잃었다고 한다.

교육 현장에서 이런 일은 무수히 일어난다. 무조건 아이들이 주인공 역할만 맡기를 원하는 것이다. 조연이나 악역을 맡으면 기분 나빠 한다. 어찌 생각하면 주인의식의 발로라고 생각할 수도 있겠지만, 이는 잘못된 생각이다. 1등이나 주연이 되는 것이 중요한 게 아니다. 순위가 중요한 것이 아니라 자신의 삶에서 주인공이 되는 것이 중요하다.

주도적인 삶을 살라는 말은 모두가 회사 사장이 되어야 한다는 말이 아니다. 회사에는 대리, 과장, 부장 등 다양한 직분이 있다. 주인의식을 가지라는 말은 지위고하에 관계없이 맡은 일을 주도적으로 하라는 뜻이다. 그래야 국가나 회사나 조직의 발전이 이루어지고, 개인의 성취와 성장도 이루어진다.

이와 더불어 파트너십을 가르치는것도 중요하다. 주도적인 사람은 스스로 일을 잘 처리할 뿐만 아니라 자신의 역할도 제대로 파악한다. 자신이 만능이 아니라는 것을 잘 안다. 그래서 다른 사람과 협력도 잘한다. 자기 주도성이 없는 사람은 자기 역할을 제대로 하지 않으면서 다른 사람에게만 잘 하라고 다그친다. 따라서 아이들에게 주도성을 키워주기 위해서는 다른 사람들과의 조화도 소중히 여기도록 가르쳐야 한다.

소금을 음식에 지나치게 많이 넣으면 짜다. 소금은 다른 재료와 조화를 이뤄야 제대로 맛을 낸다. 자기만, 자기 것만 잘 한다고 해서 공동체가 잘 굴러가는 것은 아니다. 자신이 하는 일만 중요하다고 여기고 남들이 하는 일을 무시하면 공동체는 깨진다. 특히 복잡한 문제 중에는 서로가 협력해서 풀지 않으면 안 되는 것들이 많다. 아이들에게 다른 사람을 배려하고 도와주고 협력해야 건강한 공동체가 이루어진다고 가르쳐야 하는 이유다.

컴퓨터의 성능과 관련해서 '무어의 법칙'이란 게 있다. 컴퓨터의 마이크로칩 용량이 18개월마다 2배로 늘어난다는 것이 핵심이다. 컴퓨터 마이크로칩을 만들던 인텔은 무어의 법칙에 따라 18개월마다 2배로 용량을 키워오다가 2002년 문제에 봉착했다. 열이 너무 많이 나서 용량을 더 이상 올릴 수 없게 된 것이다.

인텔 본사는 이스라엘 지사의 연구소에 열 장벽을 해소하는 방법을 찾아보라는 지시를 내렸다. 연구소는 다섯 명의 반도체 전문가와 비전문 트럭 운전사로 팀을 구성했다. 회의 도중 지루함을 참지 못한 트럭 운전사가 밖으로 나가 커피를 마시고 한참 후에 돌아오더니 혼잣말로 중얼거렸다.

"왜 다들 엔진 속도만 올리려고 하지? 기어 박스를 만들면 되는데."

이 말이 계기가 되어 2단 기어인 듀얼코어, 4단 기어인 쿼드로 코어가 나오는 등 무어의 법칙은 다시 실현되었다.

트럭 운전사를 팀원으로 뽑은 연구소도 훌륭하지만, 그의 말을 무시하지 않고 귀담아들은 동료 연구진도 훌륭하다. 다양한 사람들이 의견을 내어 좋은 파트너십을 만든 사례라 하겠다.

자동차가 안전하게 굴러가기 위해서는 네 개의 바퀴가 서로 조화롭게 구동해야 한다. 능력이 아무리 뛰어나도 혼자서 모든 것을 잘 하기는 어렵다. 따라서 아이들에게 1등과 주연만을 외치기보다는 서로의 장점을 효과적으로 끌어모아 협력하는 것이 중요하다는 것을 가르쳐야 한다.

가정은 아이들을 자기 주도적으로 키우고 협동심과 파트너십을 키울 수 있는 좋은 장소다. 어릴 때부터 아이들 스스로 목표를 정해서 점검하도록 하고, 그 수고를 칭찬해주어야 한다. 목표에 도달하지 못한 경우에는 다음번에 더 잘할 수 있도록 목표를 수정하거나 더 나은 방법을 찾도록 도와주어야 한다.

또한 아이들이 가정에서 스스로 할 일을 찾아 기쁜 마음으로 하도록 하는 것도 필요하다. 가정이 왜 소중한지, 각자의 역할이 무엇인지 자주 대화를 나누는 것도 좋다. 아직은 할 수 있는 게 많지 않더라도 다른 가족을 돕는 협동심과 파트너십이 왜 중요한지도 깨닫게 해주어야 한다.

모든 것을 다 해주는 것은 자녀를 망치는 첫걸음이다. 진정으로 사랑한다면 고기를 잡아주는 대신 스스로 잡는 법을 가르쳐주어야 한다. 다시 한 번 말하지만, 아이들은 주인의식을 가지고 태어났다. 부모라면 이를 키워줄 의무가 있다.

다각적 사고로 생각의 크기를 키워준다

자기계발 저자들이 항상 강조하는 것이 있다. 다각적, 다차원적으로 생각하라는 것이다. 다각은 사물을 여러 각도에서, 다차원은 1, 2차원을 넘어 3차원이나 그 이상의 차원으로 생각하는 것을 뜻한다. 궁극적으로 이 둘은 여러 측면에서 두루 살펴보라는 말이다.

우리가 사는 건물을 다각적, 다차원적으로 생각해보라. 아마 단순한 블록형 집이 아니라 다양한 형태의 멋진 집을 머릿속에 그릴 수 있을 것이다. 이때 과거 여행지에서 보았던 새로운 건축양식 등은 다각적, 다차원적인 집을 그리도록 생각의 틀을 넓혀준다. 이처럼 여러 측면에서 생각해보는 훈련은 우리에게 새로운 통찰력을 가져다준다.

우리는 차를 가지고 목적지를 찾아갈 때 내비게이션을 활용한다. 이전에는 책자로 된 지도를 보고 목적지를 찾아갔지만, 내비게이션의 등장으로 목적지를 찾아가는 것이 훨씬 편리해졌다. 나아가 최근 화제가 되고 있는 자율 주행차는 인공위성과 수많은 센서 등을 네트워크로 연결해 차량 스스로 운행하는 것을 목표로 시험 운행 중이다. 하늘을 나는 자동차, 즉 플라잉카도 실현 가시권에 들어와 있다. 이로 인해 인류가 달나라로 여행갈 날도 이제 멀지 않았다.

또한 우리는 가상현실(VR)과 증강현실(AR)의 발달로 현실과 가상공간이 공존하는 세상을 살고 있다. 화려한 컴퓨터그래픽과 3D 기술의 발달, 5G 기술과 인공지능의 발달로 현실과 가상공간을 넘나드는 새로운 세계를 경험하고 있다. 지금이 이런데 아이들이 살아갈 미래는 어떻겠는가. 지금보다 훨씬 고차원의 세계가 눈앞에 펼쳐질 것이다. 이처럼 상상이 현실이 되는 세계를 살아갈 아이들이 과연 평면적이고, 단순화된 사고로 살아갈 수 있을까? 그 답은 명확하다. 아이들에게 다각적이고, 다차원적인 사고력 교육이 필요한 이유다.

그렇다면 어떻게 해야 아이들을 다각적이고, 다차원적으로 생각하도록 가르칠 수 있을까?

무엇보다도 다양한 교육의 실천이 필요하다. 그중에서도 가정에서 아이들과 함께 할 수 있는 다양한 교육방법을 여기에 간단히 소개한다.

가정에서 손쉽게 할 수 있는 것으로 컬러 점토를 이용하여 동물 형상 만들기, 종이비행기 만들기, 레고 블록 쌓기 등을 하면 좋다. 아이가 성장할수록 두뇌를 활용해 다각적이고, 다차원적인 훈련을 하면 효과적이다. 관련 연구에 따르면, 나이가 들수록 손으로 하는 것보다 머리로 생각하게 하는 것이 훨씬 효과적이라고 한다. 이때 중요하게 활용해야 할 것이 질문이다. 사물을 가지고 다음과 같은 질문을 자주 하면 사고력을 키우는 데 매우 효과적이다.

- "이 연필을 앞쪽에서 보면 어떤 모습일까?"
- "코끼리를 냉장고에 집어넣는 방법으로는 어떤 것이 있을까?"
- "하늘을 날아다니는 카라반이 있다면 이번 주말에 어디를 가고 싶니?"
- "네가 요즘 생각하는 것을 입체적으로 그려본다면 어떤 그림일까?"

생각에 감정과 시간을 입혀보는 것도 좋다. 다차원적인 생각에 감정을 이입하면, 그 장면을 훨씬 더 오래 기억할 수 있고, 사고력을 향상시킬 수 있다. 또한 다음과 같이 2차원보다는 3차원적으로 감정을 입혀서 질문하면 더욱 효과적이다.

- "네가 가장 좋아하는 물건을 가지고 어디로 가면 가장 행복할 것 같니?"
- "가장 가고 싶은 장소는 어디고, 그것을 표현하면 어떤 느낌이니?"

여기에 시간이라는 변수를 추가하면 더욱 다차원이 된다. 다음과 같이 공상과학 영화에서나 볼 수 있는 시간 여행으로 질문을 끌고 가면 생각을 다양하게 하는 좋은 재료가 된다.

- "20년 전 이 마을은 어땠을까?"
- "30년 후 네가 생활하는 것 중 가장 크게 바뀔 것은 무엇일까?"

우리의 생각은 상상 이상으로 다양하고, 깊이 있게 확장이 가능하다. 아인슈타인은 시간을 절대적인 것에서 상대적인 것으로 바꾸어 버렸다. 과거, 현재, 미래는 일직선처럼 이어진 것이 아니라 반복되기도 하고 공존하기도 한다. 최근 우리는 기술의 발전으로 지난 수십 년에 걸쳐 수고했던 것을 단 몇 분 만에 해치움으로써 시간 절약을 경험하고 있다. 시간이 지날수록 다양한 기술의 도움으로 인간의 노동시간은 더욱 줄어들 것이다.

계량적 문제해결과 데이터 분석 및 해석에서 인간이 인공지능을 이기기란 사실 불가능하다. 하지만 우리는 생각을 통해 인공지능이 접근하지 못하는 시간, 상상, 감정의 세계에 도달할 수 있다. 따라서 우리는 인공지능이 할 수 없는 시간, 상상, 감정을 융합한 창의적이고 혁신적인 아이디어에서 경쟁력을 찾아야 한다. 우리 아이들의 교육이 달라져야 하는 이유다.

시대는 급변하고 있지만, 어른들의 교육방식과 생각은 너무나도 느린 게 지금 현실이다. 가정에서조차 별다른 노력을 하지 않는 상황에서 과연 변화가 일상인 미래에 아이들은 과연 적응할 수 있을까. 현실적으로 습관은 쉽게 바뀌지 않는다. 일시적으로 그 습관을 깨더라도 금세 예전으로 돌아간다. 사람은 나이 들수록 생각이 굳어진다. 고정관념에 익숙해질수록 새롭게 받아들인 지식은 실천할 수 없게 된다. 아이를 미래 시대에 걸맞게 다각적이고, 다차원적으로 키우려면 부모부터 유연한 생각을 가져야 할 것이다.

03

질문으로 사고의 역동성을 끌어낸다

영국 신문인 〈인디펜턴트〉의 기사에 따르면, 호기심이 많은 아이들은 하루 평균 73개의 질문을 하며, 그중 절반이 부모가 답하기 어려운 것이라고 한다. 그래서 최근 부모들은 온라인을 검색해서 답해 주는 경우가 많다고 한다.

아이들의 질문 내용은 크게 세 가지로 나눌 수 있다. 첫 번째는 새로운 정보를 얻거나 호기심을 충족시키는 것으로, 자신을 둘러싼 것에 대한 질문이다. 두 번째는 관계적 질문으로, 사회적 관계에 대한 확인, 위로, 집중 등에 대한 질문이다. 세 번째는 도움이나 허락을 요청하는 기능적 질문이다.

아이들은 말문이 터진 후부터 유치원이나 초등학교 취학 전까지는 활발하게 질문한다. 하지만 그 이후 횟수가 줄어든다. 질문은 아이들이 자기 안의 능력을 밖으로 끌어내기 위한 몸부림이라고 할 수 있다. 우리 아이들은 호기심이 가득 찬 존재로 이 땅에 태어났다. 부모들은 세상에 나온 아이의 호기심 어린 첫 질문에 환호하고, 두 살 때까지는 질문을 귀담아 듣는다.

서너 살이 되면 아이는 폭탄 질문을 하기 시작한다. 끊임없는 호기심 때문이기도 하고, 부모의 반응에 재미를 느껴서다. 이때부터 일부 인내심 없는 부모들이 나타나기 시작한다. 어떻게 보면 이때가 아이를 천재로 키우기에 가장 적합한 시기건만, 몸이 피곤하다느니 바쁘다느니 하면서 아이의 질문을 대수롭지 않게 넘겨버림으로써 그 기회를 놓치는 경우가 적지 않다.

모녀가 동네 야산으로 산책을 하러 간다고 가정해보자. 초입부터 네 살 난 딸이 "엄마, 이게 뭐야?"라고 묻는다. "이거, 개나리야"라고 엄마가 답한다. 얼마 못 가서 딸이 또 "엄마, 이게 뭐야?"라고 묻는다. 엄마는 다시 "개나리야"라고 답한다. 모녀가 놀이공원을 한 바퀴 돌고 산을 내려오는데 개나리가 또 보인다. 아이는 또 "엄마, 이게 뭐야?"라고 묻는다. 이제 엄마는 인내심에 한계를 느끼며 "엄마가 아까 개나리라고 몇 번을 말했어. 너, 바보니?"라고 말한다.

이런 일은 우리 주위에서 비일비재하게 일어난다. 이런 일이 반복되면 어떻게 되겠는가. 아이는 질문하기를 주저하게 되고, 아이의 호기심과 창의력은 갈수록 힘을 잃어가게 된다. 천재가 될 수도 있는 아이의 호기심이 엄마의 인내심 결여와 무관심으로 인해 사그라지고 마는 것이다.

좋은 질문은 사고의 역동성을 가져온다. 철학이 본질을 찾는 학문이라면, 질문은 철학의 시작이다. 질문이 계속되면 우리 마음속에 감춰진 천재성이 드러나게 된다. 변화와 발전을 모색하려면 질문을 해야 한다. 땅속에 보물이 매장되어 있다면 질문은 그것을 찾게 하는 것이다. 답은 항상 있지만 좋은 답은 숨겨져 있을 때가 많다. 숨겨진 답을 찾기 위해 질문이 필요한 것이다.

어릴 때 왕성했던 아이들의 질문은 시간이 흐르고 지식을 습득해 가면서 점차 줄어든다. 질문을 해도 부모나 주위에서 제대로 받아주지 않으니 아이의 질문은 갈수록 줄어들게 된다. 이는 비단 아이들에만 해당되는 것이 아니다. 한국인은 전 세계에서 질문을 하지 못하는 쪽에 속한다. 왜 그럴까? 유치원 때는 수도 없이 손을 들던 아이가 초등학교에 입학한 이후에는 손을 왜 들지 않는 것일까?

미국 아이들은 선생님이 질문을 하라고 하면 대부분이 번쩍번쩍 손을 든다. 주제와 상관없거나 엉뚱한 질문을 해도 선생님은 학생을 꾸짖거나 핀잔을 주지 않는다. 반면 우리나라의 경우 질문을 꺼리고 주저한다.

2010년 한국에서 열린 G20 폐막식 때, 미국의 오바마 대통령이 연설 후 진행된 질의응답 시간에 특별히 한국 기자에게 질문을 하라고 배려한 적이 있었다. 그런데 정작 한국 기자 중 손을 들어 질문한 사람은 아무도 없었다. 왜 한국 기자들은 질문을 하지 않았던 걸까? 질문에 대한 교육을 받지 못하고, 질문을 터부시하는 문화에 길들여져 있었기 때문이다.

우리나라 학생들은 강의를 듣고 받아쓰기는 잘 한다. 하지만 질문하라고 하면 힘들어한다. 평상시에 해보지 않았기 때문이다. 이렇다 보니 사고가 경직되어 있고, 사고의 폭도 좁다.

그렇다면 어떻게 해야 아이들이 질문을 잘 할 수 있을까? 필자는 그 해결의 실마리가 부모와 자녀간의 대화 방식에 달려 있다고 생각한다. 아이들과 대화할 때 지시나 명령이 많은지, 생각하는 질문이나 선택형 질문이 많은지 생각해보라. 지금의 부모들도 그들의 부모들처럼 여전히 자신의 아이들에게 지시나 명령을 하는 경우가 많다. 또한 질문을 할 때도 "숙제했니?"와 같은 단답형이 많다. 이런 대화에 익숙해지다 보면 아이들은 창의적인 질문이나 답변을 할 기회를 갖기가 힘들다.

필자는 어학원을 운영하면서 다음과 같은 질문을 자주 던지곤 했다.

"오늘 학교에서 질문을 세 번 이상 한 학생 손들어보세요."

그러나 손을 드는 아이는 거의 없었다. 질문을 잘 하는 학생도 하루 평균 1번 정도밖에 질문을 하지 않는다고 했다. 그 질문조차도 "yes"나 "no"로 답하는 단답형이 주를 이루었다. 우리 교육의 현실을 여실히 보여주는 것 같아 안타까움을 금할 수 없었다. 아이들의 학업 성취도를 올리기 위해서는 단답형 질문보다는 다음과 같이 왜(why), 무엇이(what), 어떻게(how)로 시작하는 질문이나 A 또는 B를 선택하도록 유도

하는 질문이 좋다.

- "어떻게 하면 지루하지 않게 공부할 수 있을까?"
- "목표 없이 공부하는 것과 목표를 설정하고 공부하는 것의 차이는 무엇일까?"
- "영어를 공부하는 이유가 뭐라고 생각하니?"

또한 질문은 확장형일수록 효과적이다. 그렇지 않으면 계속 같은 수준에 머무르고 만다. 이를테면 유대인의 토론 수업인 '하브루타'는 처음에는 한두 가지에 관해 대화를 하다가 그 주제가 점차 넓어지고 깊어져서 나중에는 수십 권의 책을 읽고 토론을 이어가는 상황에 이르게 된다. 이렇게 확장형 질문과 대화를 이어가다 보면 자연스럽게 인과관계를 이해해 사고의 수준이 높아지게 된다.

세상에는 우리가 아직도 모르는 게 매우 많다. 우리가 그 수준에 이르지 못해 모르는 것도 있다. 어떤 것들은 가까이에 있지만, 땅속 보물처럼 감추어진 것도 있다. 그래서 우리는 늘 탐색하고 탐구해야 한다.

우리 아이들에게도 부모가 모르는 무한한 세계가 있다. 그들의 숨겨진 재능을 끌어내기 위해서는 질문을 해야 한다. 질문은 부모와 자녀 간 연결고리를 만들어 생각을 촉진시킨다. 단, 전제조건이 있다. 부모가 적절한 질문을 해야 한다는 것이다. 그러면 그 질문은 아이들의 창조적이고 의미 있는 답변으로 이어진다.

　오늘 아이가 집에 돌아왔을 때 어떤 질문을 할지 생각해보고 실천해보라. 아이가 가정과 학교에서 창의적인 질문을 할 수 있도록 몸소 본보기를 보이고 격려하라.

실패에서 삶을 배우게 한다

중국의 최대 인터넷 기업 중 하나인 알리바바의 창업자 마윈(馬雲, 1964~)처럼 실패를 많이 경험한 사람도 아마 없을 것이다. 항저우가 고향인 그는 초등학교 때 주요 과목 성적평가 테스트에서 두 차례나 낙제를 했고, 중학교에 진학할 때는 입학 성적이 좋지 않아 세 차례나 떨어졌으며, 대학도 세 군데나 낙방했다.

대학 졸업 후 직장을 구할 때는 서른 번 넘게 입사 시험에서 떨어지기도 했다. 심지어 미국 기업 KFC가 중국에 진출했을 때는 24명이 지원했는데, 23명이 합격하고 마윈만 떨어진 적도 있었다. 또한 경찰관을 뽑는 데 6명 중 5명이 합격했는데, 이번에도 마윈만 떨어졌다. 또한 하버드대학교로 유학 갈 때에도 그는 무려 열 번이나 떨어졌다.

마윈은 열두 살 때 영어에 관심을 가졌다. 당시에는 영어책이 무척 귀했다. 그래서 마윈은 9년 동안 매일 아침 항저우호텔로 가서 외국인 방문객들을 대상으로 무료 관광 안내를 하면서 그들에게서 영어를 배웠다. 그때 마윈은 서양인들로부터 중국인과 다른 사고방식을 배웠다. 이때 그는 무슨 일은 하든 서양식과 중국식, 두 가지로 생각하는 법을 익혔다.

1995년 처음으로 미국에 간 마윈은 인터넷 검색을 접하고, 중국 사이트가 미국 사이트의 검색에 잡히지 않는 것을 보고 큰 충격을 받았다. 그는 인터넷 사업을 시작했으나 이 또한 실패했다. 하지만 만리장성 관광 가이드로 일하게 해준 대만 출신 미국인인 야후 설립자 제리 양(Jerry Yang, 1968~)과 친분을 쌓은 덕에, 그의 투자를 받아 1999년 알리바바를 설립할 수 있었다.

당시 중국은 '꽌시(關係, 관계)'로 사업을 하는 것이 일반적이었다. 주변 사람들은 고객들이 신뢰하지 않는다는 문제가 있다면서 마윈이 하려던 인터넷 사업을 말렸다. 하지만 그는 전자상거래의 모든 기록들을 투명하게 오픈함으로써 고객들의 절대적인 신뢰를 얻어냈다. 그 후 15년이 지나 알리바바는 텐센트에 이어 중국 2위, 세계 7위의 거대 기업이 되었다. 지금은 매일 1억 명의 구매자와 판매자가 알리바바를 방문한다.

마윈은 이처럼 실패를 딛고 일어선 대표적 인물이라 할 수 있다. 실패 없는 인생은 없다. 실패에서 배우지 못하면 인생은 희망이 없다. 신은 실패한 사람은 쓰지만 포기하는 사람은 쓰지 않는다고 했다. 목표와 꿈이 있는 사람은 절대 포기하지 않는다.

수많은 실패를 경험한 후 성공에 다다른 또 다른 인물로 발명왕 에디슨이 있다. 그 결과, "실패는 성공의 어머니"라는 문구는 그의 대명사가 되었다. 이 말을 아는 사람은 많아도 행동으로 옮기는 사람은 많지 않다. 한두 번 실패에도 사람들은 움찔한다. 괜히 시작했나 후회한다. 하지만 실패를 겪지 않고 성공한 사람은 없다. 수십 번, 수백 번 실패해도 물러서지 않고, 왜 그렇게 되었는지 반성하며, 새 길을 모색해야 성공에 다다를 수 있다. 실패했더라도 다시 일어서려는 정신과 의지가 중요한 이유다.

성장하는 아이들에게는 성공보다 '실수'가 많다. 아이들은 실수를 통해 많은 것을 배운다. 실수했을 때 부모가 어떻게 대응하느냐에 따라 성인이 된 후 실패를 받아들이는 의지와 태도가 달라진다. 따라서 어릴 때는 실수를 책망하는 대신 이를 교육의 기회로 삼아야 한다. 실수는 성장하는 아이들이 겪는 필수적인 성장통이기 때문이다.

많은 아이들이 실수를 한 후 상처를 받는다. 심지어 자신의 꿈과 비전을 포기하기도 한다. 자녀들이 저지른 실수에 어떤 자세를 취했는지 곰곰이 생각해보라. 잘못을 지적하고 야단만 친 것은 아닌지, 효과적인 교육의 장으로 삼았는지 생각해보라.

한 기자가 위대한 과학자와 대화를 나누게 되었다.

"어떻게 해서 훌륭한 과학자가 될 수 있었나요?"

"어릴 때 우유를 먹다 엎지른 적이 있었어요. 그때 어머니는 야단치지 않고 스펀지를 가져다주면서 그것을 가지고 놀게 하셨지요. 그때부터 나는 과학에 흥미를 갖기 시작했고, 이렇게 과학자가 될 수 있었습니다."

그 이후에 기자가 다시 많은 사람이 존경하는 학자와 대화를 나누게 되었다.

"어떻게 해서 학식이 풍부한 학자가 될 수 있었나요?"

"제가 실수하면 아버지께서는 야단을 치시는 게 아니라 항상 이렇게 물으셨습니다. '아들아, 이 실수에서 배운 것은 뭐니?'라고요. 그때부터 저는 무엇을 하든 '여기서 배운 것은 무엇인가?'를 생각하게 되었습니다."

학생들은 학업 과정을 거치면서 수많은 좌절을 겪는다. 그것은 실수도 아니고 실패도 아닌, 또 하나의 힘든 과정일 뿐이다. 새로운 것을 배운다는 것은 쉬운 일이 아니다. 하지만 포기하지 않고 이겨내는 방법을 찾아내면 가능하다. 문제를 분석하고 잘못된 것을 찾아내고 더 좋은 방법을 강구하면 가능하다. 공부 잘 하는 아이는 더 나은 공부법을 찾을 때가 많다. 더 연구하고 더 나은 방법을 찾는 것, 이것이 바로 공부 잘 하는 학생들의 특징이라 할 수 있다.

반복하고 훈련하면 무엇이든 좋아질 수가 있다. 한 번에 완성되는 것은 없다. 어떤 분야든 적은 시간을 연습해서는 달인이나 전문가가 될 수 없다. 공부도 마찬가지다. 아무리 어려운 일이라도 수없이 훈련을 반복하고 더 나은 방법을 찾아가는 노력과 습관을 들이면, 더 나은 결과를 얻을 수 있다.

에디슨은 2,399번의 실패를 거친 후 2,400번 만에 전류를 통해 타지 않고 빛을 내는 필라멘트를 개발하는 데 성공했다. 그는 "누구에게나 2,400번의 기회는 있을 것이다"라고 말했다. 그 후 그는 편리하고 간편하게 사용할 수 있는 배터리를 발명하기 위해 2만 번이나 실험을 했다. 아무런 성과를 거두지 못하면서도 실험만 계속하는 것을 본 기자가 어느 날 물었다.

"당신의 실험이 시간 낭비라고 생각하지 않습니까?"

에디슨이 답했다.

"시간 낭비라니요. 전혀 그렇지 않습니다. 전에 모르던 2만 개의 새로운 사실을 발견하지 않았습니까."

요즘 우리 아이들은 너무 쉽게 포기하는 경향이 있다. 공부하다 조금만 힘들면 자기 적성이 아니라고 말하거나 좀 더 쉬운 길을 택하려고 한다. 일찍부터 자신의 장점과 개성을 살려 자기 분야를 개척하는 아이들도 있다. 하지만 대부분은 자신의 재능과 능력 계발을 게을리 하고 있다. 우리는 아이들이 얕은 지식과 적은 노력으로 미래를 맞게 해서는 안 된다.

교육을 하기 가장 좋은 때는 바로 지금, 아이들이 실수나 실패를 했을 때다. 위기가 곧 기회라는 말처럼, 문제 상황에 처했을 때 이를 교육의 장으로 활용해야 한다. 학습의 어려움에 처했을 때는 그것을 이겨 내도록 격려하고 지지해주며, 좀 더 나은 방법을 찾도록 동기도 부여해 주어야 한다. 이와 함께 항상 자녀를 믿고 칭찬하며 자존감을 높여주는 것을 절대 잊어서는 안 된다.

외국어와 문화 공부로 국제화된 인재를 만든다

인공지능 기술이 발달하면 영어가 필요 없다고 생각하는 사람이 많다. 구글 등에서 제공하는 번역 프로그램 등을 활용하면 금방 번역이 되는데다, 음성언어도 이제는 거의 동시통역 수준에 도달했기 때문이다.

그러나 외국어 공부는 번역이나 통역 이상의 의미가 있다. 언어는 국가와 민족의 문화적 산물이다. 외국인과 진정으로 소통하기 위해서는 마음이 닿아야 하고, 그 말의 맥락까지 파악할 줄 알아야 한다.

러시아어 인사말 중 '감사합니다'라는 뜻을 지닌 '스파시바'가 있다. 우리나라 사람이 그 말을 들으면 피식 웃음을 터트릴 수도 있다. 그 말은 러시아어로 '당신이 건강하기를'이란 뜻으로, 러시아의 힘든 역사적 환경 속에서 병에 걸리지 않기를 바라는 소망이 담겨 있다. '식사하셨습니까?'가 지난날 경제적으로 살기 어려웠던 우리나라의 독특한 인사

말인 것과 같다.

영어를 포함한 수많은 외국어는 이처럼 다양한 민족과 그들의 문화를 이해하는 데 없어서는 안 되는 도구이다. 진정한 소통은 상대의 언어로 말할 때 이루어지기가 쉽다. 외국어만큼 타인의 시선을 의식하도록 하는 것도 없다. 언어마다 문법이 다를뿐더러 상대방의 문화도 익숙지 않기 때문이다. 하지만 마음을 열고 인내심 있게 배우다 보면 매우 유익한 공부가 된다.

최근 영어는 제1의 국제어로서 위상을 떨치고 있다. 특히 코딩을 비롯한 컴퓨터 언어의 표준어로서 그 활용 가치가 점점 높아지고 있는 추세다. 영어를 모르고서 프로그래밍을 하는 것은 쉽지 않다. 아무리 인공지능으로 동시통역이 가능하다고 해도 영어의 중요성은 더욱 가속화될 수밖에 없다. 또한 국제회의 등이 더욱 빈번해지고, 국제적인 협업이 일상이 되는 상황에서 영어는 이제 필수 경쟁력이 되고 있다. 아이들에게 영어를 제대로 가르치고 영어 실력을 늘리도록 해야 하는 이유가 여기에 있다.

그렇다면 어떻게 해야 우리 아이들이 영어를 잘 할 수 있을까? 필자는 모국어를 어느 정도 익혔다고 생각될 때 조금씩 영어를 가르치는 것이 좋다고 생각한다. 처음에는 흥미 중심으로 듣기를 가르치면 좋다. 영화, TV, 애니메이션 등을 통해 영어를 쉽게 접하도록 한 후, 기초 단계인 발음을 가르치고, 재미있는 영어 그림책을 읽도록 하면 좋다.

초등학생이 되어 본격적으로 영어를 공부할 때는 우선 듣기를 잘 해야 한다. 영어 대화의 패턴을 충분히 그리고 자주 연습하도록 해야 한다. 잘 듣는 것은 영어 공부의 기초로서 발음과 유창성, 읽기, 말하기, 쓰기의 기본이 되기 때문이다.

학원 운영 초기, 필자는 매일 아침 등교 전에 모든 학원생들에게 1시간씩 영어 듣기 공부를 시켰다. 영어 학습의 경우 듣기와 영어 단어 암기가 기본이 된다. 그 후에는 읽기, 말하기, 쓰기, 문법 등을 어떻게 지도하느냐에 따라 성과가 달라진다.

최근에는 아이들의 해외 단기연수를 생각하는 부모들이 많다. 자녀가 원하고 형편이 되면 보내주는 것도 좋다. 외국생활의 색다른 경험을 통해 영어에 대한 자신감을 가질 수 있기 때문이다. 하지만 한두 달 연수로 영어를 잘 하는 것을 기대해서는 안 된다. 요즘은 굳이 해외에 가지 않더라도 유튜브 등을 통해 영어를 효과적으로 배울 수 있는 방법도 있다. 이와 같이 다양한 방법을 활용해 지속적으로 영어 학습을 시킨다면 충분히 좋은 성과를 가져올 수도 있다.

디지털 시대를 사는 아이들은 특히 영어로 말하기에 능숙해야 한다. 전 세계의 기업가나 비즈니스맨들과 대화하고 친분을 쌓으려면 영어로 말하는 것이 매우 중요하다. 필자는 영어로 말하기를 잘 하는 데에 다음 세 가지를 강조하고 싶다.

첫째, 태도다. 영어로 말하기는 심리적 요인에 의해 많은 영향을 받는다. 제아무리 영어 실력이 뛰어나도 필요성을 느끼지 않는다면 영어 말하기를 멀리하게 된다. 여기에다 한국인 특유의 체면의식, 자의식을 가지면 영어가 입에서 떨어지지 않는다. 따라서 자녀가 어릴 때부터 말하기에 자신감을 가지도록 말하기 대회나 토론 대회에 내보내는 것이 좋다. 학교나 학원에서 영어로 발표하는 수업도 효과적이다.

둘째, 발음과 유창성이다. 원어민처럼 완벽하지는 않더라도 의사소통이 될 만큼은 발음을 잘 하기 위해 노력해야 한다. 영어 특유의 강세 중심 발음과 유창성에 익숙해질 필요가 있다. 영어로 하는 연설이나 말하는 것을 들어보면 일정하게 음의 강세가 나타난다. 그 과정에서 음의 축약과 확장, 박자와 리듬도 나타난다. 이것을 간과한 채 단어 위주로 읽거나 말한다고 해서 영어 청취 능력이나 유창성이 좋아지는 것은 아니다. 어릴 때부터 이 점에 유의하여 영어교육을 하는 것이 좋다.

예전에 외국인과 한국인이 한 달에 한 번씩 모여 영어로 토론하는 모임에 나간 적이 있다. 해외에 한 번도 나가지 않은 젊은 대학생이 영어 발음과 억양을 원어민처럼 구사하는 것을 보고 깜짝 놀란 적이 있다. 궁금해서 어떻게 공부했냐고 물었더니 그는 영화를 보면서 그대로 따라 하기를 반복했다고 답했다. 대화 콘텐츠가 부족해 토론에는 어려움이 있었지만, 유창성만큼은 정말 감탄할 만했다. 그때 필자는 '아, 해외에 가지 않아도 영어 유창성이 좋을 수 있구나!' 하는 것을 새삼 깨달았다.

셋째, 기본 패턴을 여러 번 반복하는 것이다. 어디서부터 시작할지 고민하지 말고, 따라 하기 쉬운 패턴을 반복하는 것이다. 많이 쓰는 친숙한 표현을 먼저 읽고, 그다음에 조금씩 확장해서 어려운 패턴에 도전하면 말하기에 좀 더 자신감을 가질 수 있다. 가정에서 영어로 질문하고 답하는 것도 좋다. 아이들은 선생님의 질문에 수동적으로 답하는 데 익숙해져 있다. 가정에서 영어로 자주 질문을 하고 답을 하면 대화 패턴을 몸에 익힐 수 있다.

필자는 카투사로 군 복무를 했다. 이때 미군들과 숙식을 같이 하며 영어를 배웠다. 듣기는 어떻게 되었지만 말하기는 정말 쉽지 않았다. 부대 조회시간에 미군 주임상사의 말이 들릴 때쯤, 이제는 자신 있게 말할 수 있으리라 생각했는데 아쉽게도 제대를 했다.

그 후 직장생활 중 영국에서 일 년을 근무한 적이 있다. 그때 영국보다 러시아로 파견 근무를 갔을 때 영어를 더 많이 배운 것 같다. 영어를 능숙하게 구사하는 러시아 남성 비서와 일하면서 영어 말하기가 눈에 띄게 향상되었다. 영국 본토에서는 발음이 이상하게 들려 주눅이 들었지만, 러시아에서는 주눅도 들지 않고, 업무나 일반 대화에서 이런저런 영어 패턴을 반복해 연습할 수 있었기 때문이다.

이제는 우리도 아이들이 국제화 시대에 발맞춰 당당히 말하고 질문하도록 영어교육에 더욱 많은 투자를 해야 한다. 유창성이 떨어지더라도 기회가 있으면 당당히 말하고, 손을 들고 질문하도록 해야 한다. 설령 틀려도 상관없다. 다시 말하면 된다. 우리말이 아니기 때문에 실수해도 기죽을 필요가 없다. 완벽하게 공부한 다음 말하려면 때는 늦다.

어떤 언어든 말하지 않고 어떻게 자신의 마음을 전할 수 있겠는가.

구글로 번역하면 논문 한 페이지를 몇 초도 안 되는 사이 해석해주는 시대를 우리는 살고 있다. 이렇게 정보를 얻는 것도 물론 중요하다. 하지만 정보를 편집하거나 가공해서 발표하고, 질문을 제대로 하려면 영어로 말하기는 기본이다. 영어로 말하기는 습관이다. 그 힘들고 불편한 습관을 만들어야 보상이 뒤따른다. 아이들에게 그런 습관을 들이도록 교육하고 동기를 부여해야 할 것이다.

수학, 과학 공부로 논리적 사고를 강화한다

　요즘 들어 학생들 중 수포자(수학 포기자)가 많아지고 있다. 고등학교 때는 어려워서 그렇다 쳐도 아직 초등학생인데도 수학을 포기하는 아이들이 많다. 왜 그럴까? 그중 하나는 아이들이 복잡한 것을 싫어하는 데 있다. 아이들에게 재미없는 수학문제를 푸는 데 한 시간 이상 투자하기를 바라는 것은 사실 쉽지 않다.

　현대는 모든 것을 바로바로 해결하는 시대다. 반면 수학과 과학 과목은 논리적 사고 과정을 필요로 한다. 따라서 인내심을 가지고 공부해야 하는데, 이것이 아이들에게는 쉽지 않다. 한두 번 해서 풀리지 않으면 수학과 과학이 싫어지고 적성에 맞지 않는다고 합리화해 버린다. 이과 학문의 기초는 수학으로, 그 중요성은 새삼 말할 필요가 없다. 그래서 부모들은 학원에 보내서라도 아이들이 수학을 포기하지 않게 하려고 애를 쓴다.

그럼 아이들이 수학과 과학 과목을 포기하지 않도록 하려면 어떻게 해야 할까?

말콤 글래드웰이 주장한 '1만 시간의 법칙'이란 게 있다. 간단히 요약하면 어떤 분야든 성공한 사람은 그 분야에 1만 시간 이상을 노력했다는 것이다. 궁극적으로 보았을 때 포기하지 않고 꾸준히 하면 성공할 수 있다는 말이다. 이 말은 아이들이 수업에 재미를 느끼지 못해 포기할 때도 통한다. 처음에는 힘들고 이해되지 않은 부분이 있어도 많이 풀다 보면 알게 되고, 언젠가는 잘 하는 수준에 이르게 된다.

이를 수학과 과학 과목에도 적용을 할 수 있다. 가령, 아이가 어려워하는 부분이 있다면 일단 장기 과제로 놔두고, 할 만하고 잘 하는 것부터 하도록 해야 한다. 그 후 시간을 내어 어려운 부분을 꾸준히 하다 보면 마침내 이해하게 된다. 어떤 과목이든 임계치가 있게 마련이다. 아이들마다 차이가 있겠지만 그때까지는 인내하도록 격려하는 것이 필요하다. 단, 이 기간 동안 어려워하는 과목이나 부분은 스스로 질문하고 답을 찾게 해야 한다. 필요하다면 학교 선생님이나 학원 등 외부 전문가의 도움도 받아야 한다.

꾸준히 공부하면서 고민하다 보면, 풀리지 않던 문제가 어느 순간 풀린다. 그것은 갑작스러운 깨달음을 통해 얻어질 수도 있고, 친구와의 우연한 대화에서 얻어질 수도 있다. '궁하면 통한다'는 오랜 경구처럼 포기하지 않고 생각하고 노력하면 해법에 도달하게 마련이다.

그때까지 공부해 알게 된 것을 나름대로 정리해 가족이나 친구들 앞에서 발표를 시키는 것도 공부의 중요한 방법이자 기억에 오래 남는 방법이다. 이러한 준비 과정을 통해 의외의 것을 깨달을 수도 있고, 공부 방법에 대해 한 번 더 생각해볼 수도 있으며, 무엇보다도 자신감을 얻을 수 있다.

공부할 때는 맥락을 생각하며 하도록 해야 한다. 맥락이란 사물 등이 서로 이어진 관계나 상황을 뜻한다. 문제를 단순히 공식에 대입해서 푸는 것은 의미가 없다. 왜 이 문제가 중요하고, 실제 삶에 적용했을 때 어떤 점이 유익하며, 다른 것과 어떤 관련이 있는지 묻고 답하는 형식으로 공부하도록 해야 한다.

수학과 과학 등 모든 학문은 상당 부분 서로 관련을 가지고 있다. 따라서 연관성을 찾아 공부하면서 이것을 배우는 것이 왜 중요한지 의미를 파악하는 것은 매우 중요하다. 배우는 내용이 자신과 연관성이 있을 때, 공부 효과는 더욱 증폭되고 흥미와 열정으로 이어질 수 있다.

한번은 영어를 꽤 잘 하는 학생이 힘이 들었는지 아니면 지루함을 느꼈는지 교실에서 갑자기 큰 소리를 질렀다.

"영어를 잘 해야 하는 단 한 가지 이유만 알아도 지금보다 10배는 더 잘 하겠어요."

당황한 필자는 국제화 시대나 대학 진학이나 취업에 필요하다며 머릿속에 생각나는 대로 대답했다. 아이는 그제야 고개를 끄덕이며 조용해졌다. 이처럼 자신에게 맞는 동기와 목적이 있을 때 아이들은 더 열심히 공부를 하게 된다.

딸아이는 중학교 때까지는 수학을 잘 했다. 그런데 고등학교에 진학하자 수학을 꽤나 힘들어했다. 다른 과목 점수는 좋았는데 수학은 1등급을 맞기가 쉽지 않은 모양이었다. 장래 희망인 의사를 목표로 공부하고 있었는데, 수학 점수가 부족하다고 느끼는 것 같았다.

하루는 딸아이가 "엄마, 나 의사 안 할래. 국문과에 진학해 카피라이터 될 거야"라고 하는 것이었다. 나와 아내는 카피라이터라는 직업에 대해 잘 알지 못하고 있었다. 인터넷을 검색해보니 마케팅 관련 업무 중 광고 문안 등을 선정하는 직업으로서 상당한 지적 수준을 요구한다고 나와 있었다.

나는 "그래, 그렇게 힘들면 그것도 대안이겠다"라며 한걸음 물러섰다. 하지만 아내는 단호하게 말했다.

"예진아. 네가 수학을 못하는 것은 안 해서 그런 거야. 열심히 하면 잘 할 수 있어."

그 말에 딸아이는 다시 힘을 내어 오답 노트를 정리하기 시작했다. 배운 문제 중 틀린 것이 있으면 복사해서 노트에 붙였고, 그 문제를 몇 번씩 다시 풀었다. 두툼한 오답 노트가 쌓여갔다. 그렇게 엄마의 격려와 자신의 지속적인 노력으로 수학이라는 장애물을 넘어선 딸아이는 자신의 꿈에 한걸음 더 가까이 다가설 수 있었다.

아들은 머리는 좋은데 노력과는 거리가 먼 아이였다. 중학교 때는 독학만으로도 수학을 꽤 잘 했다. 하지만 고등학생이 되자 우리 부부는 걱정이 되어 아들을 학교 근처에 있는 수학 학원에 거의 반강제로 등록시켰다. 그런데 수학을 잘 하는 학생들로만 구성된 우등반에 들어간 것 때문인지, 점차 스트레스를 받더니만 학원에 가지 않으려고 했다. 수학 과목의 숙제 분량이 너무 많아서 다른 과목을 공부할 시간이 없다며 불만도 자주 드러냈다.

그때 아내가 학원장을 찾아가 다른 반에 속해도 괜찮으니 아들이 수학을 포기하지 않게 해달라고 부탁했다. 그 후 아들은 수준에 맞는 반을 계속 다녔다. 결국 아내의 이런 노력으로 아들 역시 수능을 잘 치르고 희망하는 대학에 갈 수 있었다. 약대에 다닐 때는 수학에 자신이 있었는지 멘사 시험에 도전해 합격하기도 했다. 그때 아들이 수학에 자신감을 잃었으면 어땠을까 생각하면 아찔할 따름이다.

수학과 과학만큼 논리적 사고력을 기르기에 좋은 과목도 없고, 인과관계가 뚜렷한 과목도 없다. 어릴 때부터 가정에서 생활과학 키트 등을 통해 호기심을 길러주고, 수학 및 과학과 친해지도록 해주는 것이 좋다. 인공지능 기술이 발달하면 계산 능력은 AI가 대체할 것이다. 하지만 알고리즘을 만들고 관리하기 위해서는 더 높은 수학과 과학 수준이 요구될 것이다.

혁신적인 아이디어는 수학과 과학의 논리적 사고력과 인문학적 지식이 합쳐지고 융합될 때 나온다. 따라서 너무 일찍 수학과 과학을 포기하는 것은 개인은 물론 국가적으로도 큰 손해다. 가정과 학교에서 아이들이 수학과 과학을 포기하지 않도록 자극을 주고 관심을 기울여야 할 것이다.

07

창의적 암기법으로 뇌를 자극한다

"자, 35번 앞으로 나와서 받아쓰기 해봐."

필자가 어릴 때는 수업 중에 받아쓰기를 자주 했다. 선생님이 말을 하면 칠판에 직접 쓰기도 했다. 초등학교 3학년 어느 날, 선생님이 받아쓰라고 한 단어는 '태극기'였다. 나는 자신 있게 칠판에 '태국기'라고 썼다. 그러자 뒤에서 이렇게 놀리는 소리가 들렸다.

"야, 태국기가 아니고 태극기야. 그것도 모르냐, 바보야."

'국가를 상징하는 깃발', 즉 '국기'라는 것을 생각한 나머지, '태국기'라고 썼던 것이다. 알고 보니 맞는 표기는 '태극기'였다. 후에 알게 되었지만 한자로 '태극(太極)'은 '우주의 궁극적 실체'라는 뜻을 지닌 단어였다. 초등학교 3학년이 어떻게 그 뜻을 알았겠는가? 그때의 받아쓰기 사건은 필자에게 트라우마로 남았다. 그러나 지금 생각해보면 '큰 국기'를 의미하는 '태국기'로 쓴 게 대견스럽다. 이처럼 의미를 생각하며 암기하면 기억에 오래 남는다.

현실에서는 암기공부에 대해 비판하는 사람들이 많다. 나 역시 그런 사람 중 하나다. 시험에 나올 만한 것을 외우고, 그것을 기억하고 있는지 오지선다로 결정하는 수능 시험이야말로 암기 능력으로 줄 세우기를 하는 것 아니냐는 비판도 있다. 그런 시험을 치르고 대학에 진학한 학생들이 우리나라의 미래를 이끌어갈 수 있겠느냐는 의문이 들 때도 있다.

그러나 암기식 공부와 창의적 암기는 다르다. 암기식 공부는 지양해야겠지만, 창의적 암기는 권장해야 한다. 의미를 이해하지 못하는 암기는 시간 낭비지만, 의미를 이해하고 난 후 암기하는 것은 학습에 매우 중요하다.

우리는 지식을 습득하기 위해 의식적이든 무의식적이든 암기를 한다. 글자를 읽은 후 단어의 뜻을 이해하고, 다른 단어와 연결 짓는다. 해리엇 살라타스 워터스(Harriet Salatas Waters) 등은 메타인지 연구를 위해 초등학교 1학년 학생들과 3학년 학생들에게 '도구', '몸에 입는 장신구', '음식', '장난감'이라는 카테고리 별로 각각 네 장씩 모두 열여섯 장을 보여준 후 실험을 했다.

초등학교 1학년 학생들은 여덟 번째 카드까지는 그런 대로 단어를 외웠지만, 열여섯 장은 힘들어 했다. 초등학교 3학년 학생들도 여덟 번째 카드까지는 잘 기억했지만, 열여섯 장은 마찬가지로 어려워했다. 물론 초등학교 3학년 학생들이 1학년 학생들보다 암기력이 월등히 나았다. 한편 카테고리별로 묶는 대신 묶지 않고 무작위로 외우도록 할 때 학생들은 훨씬 어려워했다.

이 연구의 결론은 저학년일수록 부담이 덜한 환경에서 암기를 잘 한다는 것과 무작정 암기하기보다는 카테고리별로 하면 더 잘 외운다는 것이었다. 아무리 창의적이라도 너무 어려우면 효과를 거두기가 어렵다. 따라서 자녀 연령에 맞추어 접근하는 것이 중요하다.

여기서 의미를 이해하고 암기하거나 카테고리별로 분류해서 암기하는 것 외에 가정에서 할 수 있는 다양하고 창조적인 암기방법을 소개한다.

그림책을 이용해서 질문하기

그림책에 나오는 단어를 활용해서 재미있고 흥미로운 질문을 해본다. 필요하다면 그림과 단어 몇 세트를 만들어 비슷한 단어끼리 카테고리별로 구분한 후 단어를 활용해 스스로 스토리를 만들게 한다. 오감을 활용해서 외우면 효과는 더욱 극대화된다.

독서 두 번하기와 질문

읽을 책을 내용이 약간 어려운 것으로 선정하고, 몇 달 후 다시 한 번 읽게 한다. 처음 읽을 때는 내용 전부를 이해하거나 기억하지 못할 수도 있다. 그러나 일정 시간이 지나 한 번 더 꼼꼼히 읽으면 처음 읽었을 때 놓쳤던 정보를 얻을 수가 있다. 또한 해당 도서에 대해 다음과 같이 열린 질문을 한다.

- "이 책은 무엇에 대해 쓰여 있다고 생각하니?"
- "네가 가장 중요하게 느낀 점은 무엇이니?"
- "네가 이 글의 주인공이라면 어떻게 하겠니?"

문학 작품과 비문학 작품을 함께 읽도록 하기

어린이집에 다닐 때는 동화나 내용 구성이 탄탄한 문학 작품을 많이 읽도록 하는 게 좋다. 상상력과 호기심을 키우면서 자기만의 세계를 만들 수 있기 때문이다. 초등학교 3, 4학년이라면 쉬운 비문학 작품을 동화나 위인전과 병행해서 읽도록 하면 좋다. 많은 동화책은 권선징악 등 가치관과 인과관계를 포함하는 반면, 비문학 작품은 원인과 결과, 문제 발생과 해결 등 좀 더 복잡한 맥락과 구성을 제공하기 때문이다. 이때도 다음과 같은 질문으로 해당 도서의 내용을 창의적으로 입력하도록 해야 한다.

- "지구의 사막화를 막으려면 어떻게 해야 할까?"
- "일주일 동안 전력 공급이 안 된다면 어떤 일이 벌어질까?"
- "인공지능이 가정이나 교육에 도움을 되는 것으로는 무엇이 있을까?"

학습한 내용을 가족 앞에서 발표하도록 한다. 과제가 있으면 직접 만들거나 그리게 한다. 직접 해보는 것보다 확실한 암기 방법은 없다.

창의적인 암기법도 공부법처럼 아이에게 특별히 맞는 것이 있을 수 있다. 그것들을 찾아 적용해 보는 것도 필요하다. 마인드맵이나 첫 글자 모음으로 암기하기(두음법, 애크러닝), 유대인식 연상법(암기할 내용을 숫자나 그림과 연계), 인기 있는 연예인, 아이돌, 드라마 주인공 등과 연계해서 암기하기 등이 그것이다. 예를 들어 우리나라 역사 중 고려시대 서희(942~998)의 강동(江東) 6주 탈환을 사교술이 능한 TV 예능인인 유재석과 6인의 무한도전으로 연계하면 기억하기가 쉽다.

창의적인 암기법은 무궁무진하다. 분명한 점은 자기 삶과 관련된 내용은 쉽게 잊혀지지 않는다는 것이다. 추상적인 내용은 암기가 쉽지 않다. 그런 것들은 다른 것들과 연계하면 쉽게 외울 수 있다.

수동적이고 맹목적인 암기는 피해야겠지만 다양한 창의적 암기법은 권장해야 한다. 창의적으로 암기하면 내용이 오래 남고, 필요할 때 꺼내서 사용할 수가 있다. 의미 이해, 분류와 연결, 인과관계 구조, 전체와 부분의 구조, 오감을 활용한 암기 등을 활용하면 체계적으로 암기할 수가 있다.

암기한 내용을 큰 소리로 외치면 뇌가 학습을 한다. 암기하면서 긍정적인 말, 좋은 명언, 연설문, 좋은 표현 등을 큰 소리로 외치며 암기하면 자신도 모르게 힘이 난다. 인공지능처럼 짧은 시간에 빠르게 암기하기는 어렵겠지만, 인공지능을 이기는 창의적인 공부는 가능하고, 절대 필요하다.

디지털 기기를 책임감 향상의 도구로 활용한다

2000년대 이후 태어난 세대를 '디지털 네이티브 세대'라고 한다. 이들은 어릴 때부터 디지털 기기를 사용하며 자란 세대다. 요즘은 두 살만 되어도 태블릿 PC를 사용할 줄 안다. 소아과 병원이나 엄마가 커피숍에서 친구들과 이야기를 나눌 때 태블릿 PC를 가지고 놀기 때문이다. 대여섯 살만 되어도 디지털 기기 다루는 기술이 부모를 앞지르는 경우도 많다.

최근 부모들은 아동발달 과정보다 빠르게 성장하는 자녀를 어떻게 지도해야 할지 막막해 하고 있다. 틈만 나면 모바일 기기를 가지고 노는 아이와 실랑이를 벌이는 한편, 아이의 사회성이 떨어지지 않을까 걱정하기도 한다. 아이들이 대학생이 되면 디지털 기기에 대해 오히려 물어야 할 정도로 디지털 지식 역전 현상도 발생한다. 그렇다 보니 디지털 기기를 통한 자녀교육은 이전과는 전혀 다른 양상을 띠고 있다.

첫째, 자녀의 디지털 기기 사용 양상은 부모의 관점이나 태도에 따라 달라진다. 부모들은 디지털 기기 사용이 교육에 도움이 된다고 판단하면 많은 부분을 허용한다. 반면 학업이나 관계 형성에 도움이 되지 않는다고 판단되면 기기 사용을 금지한다. 하지만 이럴 경우에도 자녀와 충분히 대화하여 왜 그래야 하는지 설득해야 한다. 디지털 기기 사용에 대한 부모의 간섭이나 통제 정도는 자녀의 자율적인 통제 정도와 관련이 깊다. 스스로 통제를 잘 하는 자녀에게는 부모의 간섭이 덜하지만, 반대의 경우 부모의 통제가 강해진다.

둘째, 부모의 디지털 기기 사용 기술이 자녀와의 관계나 학습에 영향을 미친다. 부모가 디지털 기기를 능숙하게 다루면 자녀에게 필요한 콘텐츠와 사용 시간 등을 조절하고 통제할 수 있다는 자긍심을 느낀다. 하지만 부모가 디지털 기기 사용 기술에 대한 지식이 없으면 자녀에게 무시당하거나 조종을 당할 수 있다. 이럴 경우 디지털 기기에 익숙한 자녀를 통제하기도 어렵고, 지도하기도 어렵다.

셋째, 부모가 자녀와 함께 디지털 기기 사용을 공유할 수 있느냐의 여부다. 자녀가 어릴 때는 부모가 함께 디지털 기기를 사용한다. 하지만 아이가 성장할수록 함께 사용하는 시간은 줄어든다. 그러다 보면 아이들이 폭력적인 게임이나 선정적인 콘텐츠에 노출되기 쉽다. 아이들이 이러한 상황에 자주 노출되면 피폐해지기 쉬우므로 함께 공유하거나 적절한 규제와 관리가 필요하다.

장 피아제(Jean Piaget, 1896~1980)와 동시대에 활동한 구 소련의 교육심리학자로 레프 비고츠키(Lev Vygotsky, 1896~1934)가 있다. 피아제가 아이의 인지 발달적 관점에서 발달이론을 전개했다면, 비고츠키는 아이가 자신을 둘러싼 사회 및 문화 환경과 영향을 주고받으며 발달한다는 이론을 펼쳤다. 비고츠키는 특히 언어의 습득과정이 자녀의 인지발달에 큰 영향을 미친다고 강조했다.

비고츠키에 따르면, 이를테면 디지털 환경이 아이들에게 결정적 역할을 미치는 변수가 된다고 할 수 있다. 디지털 문화와 환경 안에서 모국어를 배우면서 사회성도 키워야 하는데, 디지털 기기에 너무 많은 시간을 뺏기면 언어를 통해 배우는 많은 일들이 늦어질 수 있다. 그리고 심한 경우에는 언어 발달에 지장을 초래할 수도 있다.

지나친 디지털 기기 사용은 특히 친구 만들기를 어렵게 하고, 오프라인에서의 사회관계를 떨어뜨려서 고독과 외로움을 초래할 수 있다. 특히 고독은 인터넷의 과다한 사용 때문에 친구와 친밀한 관계를 가지지 못해 발생하는 경우가 많다. 또한 혼자 생활하는 시간이 많아지면 인터넷 사용을 더 많이 하게 되는 악순환이 발생할 수 있다.

특히 부모님이 맞벌이에 자녀가 한 명인 경우, 아이들은 집에 혼자 있을 때가 많다. 이때 장시간 인터넷에 노출될 수 있다. 물론 인터넷을 통해 친구를 사귈 수도 있다. 하지만 온라인 친구, 특히 게임이나 채팅을 통해 만들어진 친구는 위험을 동반하고 있다. 따라서 오프라인 친구가 형성된 후 온라인에서 새로운 친구를 사귀도록 해야 한다. 친구를 통해 배워야 할 것이 많은 때에 온라인으로만 사람을 접촉하는 것은 아이들의 사회적 인지발달에 좋지 않은 영향을 끼칠 수 있다.

또한 인터넷의 과다 사용은 가정의 의사소통 시간을 줄일 수 있다. 사춘기 십대 청소년들에게는 신중하면서도 지혜로운 의사소통이 필요하다. 인터넷의 과다 사용은 이러한 의사소통의 기회를 방해할 수 있다. 이때 인터넷 사용이나 게임을 통제하면 아이들은 심하게 반발하기도 한다. 가장 바람직한 것은 자녀 스스로가 열린 마음으로 인터넷 사용이나 게임 등에 관해 부모와 소통하면서 절제력을 보이는 것이다.

하지만 이것은 현실적으로 쉽지 않다. 부모와 자녀 간의 소통은 횟수뿐 아니라 질도 문제가 된다. 인터넷 사용이나 게임 시간 등을 무조건 줄이라고 하면 자녀들은 반발하기 쉽다. 그러다 보면 정작 중요한 주제에 대한 소통이 생략되거나 피상적인 대화로 흐르기가 쉽다. 부모 자식 간의 관계가 나빠져 자칫 가정의 위기까지 불러올 수도 있다.

그렇다면 어떻게 해야 자녀의 인터넷 과다 사용을 막을 수 있을까? 무엇보다 어릴 때부터 인터넷 사용을 절제하도록 훈련시켜야 한다. 당연히 부모가 먼저 솔선수범을 해야 한다. 부모가 분별없이 인터넷과 모바일 기기를 사용하면서 자녀에게만 절제하라고 하면 말이 먹히지 않는다. 특히 인지능력이 발달할 때에는 자녀 앞에서 그런 모습을 보여서는 안 된다.

또한 어릴 때부터 디지털 기기 사용을 일정 시간으로 제한해야 한다.

강압적으로 지시하는 대신 왜 그래야만 하는지를 충분히 설명하고 동의를 얻을 필요가 있다. 그래야 자율적으로 따르게 된다. 중간에 규정을 어기면 왜 제대로 지키지 않는지 함께 의논하고 해결책을 찾아야 한다. 그래도 약속을 지키지 않으면 사용 시간을 줄인다든지 나름의 규칙을 정해서 지키도록 해야 한다.

또 하나의 방법은 플랜 B를 정해 놓는 것이다. 플랜 B란 자녀가 디지털 기기 사용에 대한 충동을 느낄 때 다른 흥미거리를 찾아서 하도록 하는 것을 말한다. 예를 들어, 자녀가 게임을 좀 더 하고 싶을 때는 '잠깐' 멈추게 한다. 그리고 게임보다는 덜 흥미롭지만, 두 번째나 세 번째로 흥미 있거나 재미를 주는 것을 찾아 그것을 하도록 하는 것이다. 그것들은 자전거 타기, 농구하기, 독서하기, 영화 보기 등 저마다 다를 것이다.

플랜 B를 제대로 수행하면 '잘 했어'라는 칭찬과 함께 보상을 해주는 게 좋다. 디지털 기기 통제에 대한 가장 좋은 방식은 아이 나름대로 원칙을 가지고 관리해 나가도록 하는 것이다. 부모는 아이들의 그러한 노력에 대해 항상 격려하고 감사해야 한다.

디지털 시대는 장점도 많지만 단점도 많다. 디지털 기기에 익숙하지 않은 부모가 디지털이 생활화된 자녀들을 지도하기란 쉽지 않다. 하지만 이는 매우 중요한 일이다. 디지털 기술의 발전이 가속화될수록 아이들 스스로 디지털 기기 사용을 절제하고, 가족을 비롯해 세상과 어떻게 소통해야 하는지를 가르쳐야 한다. 디지털 기기를 사용할 때 가져야 할 디지털 시민의식, 즉 온라인상에서의 비폭력적 언어 사용, 배려의식, 상호 존중, 타인의 사생활 보호, 민주주의 의식 등도 가르쳐야 한다. 디지털 기술이 아날로그의 좋은 점과 효과적으로 융합되도록 가르쳐야 한다.

디지털 시대라고 해서 어른에 대한 공경과 이웃에 대한 배려를 무시해서는 안 된다. 디지털 분야의 에티켓은 물론 아날로그적인 질서와 에티켓도 익혀야 한다. 디지털의 장점을 이해하고, 아날로그가 지닌 장점을 함께 결합해 성장해가는 균형 잡힌 지혜가 아이들에게는 무엇보다 필요하다. 그러기 위해서는 부모가 먼저 디지털 문화에 깨어 있는 자세와 마인드를 가져야 할 것이다.

좋은 성품 형성으로 자기 관리를 시킨다

요즘 아이들은 욕을 입에 달고 산다. 필자는 아들이 어렸을 때 성품 교육을 잘 했다고 생각했다. 그런 아이가 초등학교 고학년이 되더니 친구들의 영향 때문인지, 언제인가부터 욕을 하기 시작했다. 사실 욕을 하는 것은 정신적으로 미성숙한 아이들에게는 멋져 보이기도 한다. 그래서 욕을 들은 또래의 친구들은 웃음으로 호응해주곤 한다.

고등학교 2학년 때까지도 욕을 끊지 못한 아이는 어느 날, 좋아하는 유재석이 출연하는 TV 프로그램을 보고는 더 이상 욕을 하지 않게 되었다. '아, 유재석처럼 욕을 하지 않고도 저렇게 사람을 웃길 수가 있구나!' 하고 깨달은 것이다. 이것을 보면 욕을 끊는 이유도 참 제각각이다.

한번은 고등학교 1학년 아들이 야간 자율학습을 하던 때의 일이다. 담당 선생님이 잠깐 교실을 비우고 난 후 돌아와 떠든 사람을 앞으로 나오라고 했다고 한다. 아들을 비롯해 교실에 미처 들어오지 못한 학생들은 화장실로 숨었다고 한다. 이전에도 비슷한 사건이 있었는데, 그때도 몇몇 학생은 화장실에 숨어 끝끝내 선생님께 걸리지 않았다고 한다. 마지막까지 화장실에 숨었다가 나온 학생들이 의기양양하게 교실로 돌아왔을 때의 모습이 아들에게는 그렇게 멋있어 보였다고 한다.

그 순간을 떠올린 것일까. 아들도 그날 화장실에 숨었다고 한다. 밖에서 반 아이들이 "이제 그만 나오라"고 소리쳐도 아들은 나오지 않고 끝까지 버티었다고 한다. 결국 들킨 아들은 선생님께 불려갔다고 한다. 선생님은 크게 화를 내면서 "나오라고 할 때 나오지 않고 뭐 하는 짓이냐"고 호통을 쳤다고 한다. 아이들은 벌도 받았다고 한다. 몇몇 학생은 "아, 재수 없어" 하면서 불평했지만, 아들은 반성을 하고 다시는 그러지 않겠다고 다짐했다고 한다.

학교, 군대, 직장 등 사회 조직에 들어가면 사람 됨됨이가 드러나게 마련이다. 누구는 요령을 피면서 힘든 일을 하지 않으려 하고, 누구는 윗사람에게는 잘 하지만 아랫사람들에게는 가혹하게 대하기도 한다. 누구는 동료의 힘든 일을 외면하지만, 누구는 도와주며 좋은 팀워크를 만들기도 한다. 조직에서 성품이 좋은 사람은 활력을 불어넣어 준다. 하지만 그런 성품은 단기간에 만들어지는 게 아니다. 기본 씨앗은 가정에서 뿌려지고, 그 씨앗은 선생님이나 친구들과 함께 교류하면서 자라게 된다.

요즘은 디지털 기기의 사용이 빈번해지면서 사이버 폭력이 증가하고 있다. 친구들과 잘 지내다가도 어느 순간 맘에 들지 않으면 다른 아이들과 합세해서 한 친구를 왕따시킨다. 그 친구가 학급 인터넷 카페에 글을 올리면 아무런 답글도 달지 않고, 실시간 채팅도 거부하고, 등하교도 혼자 하게 한다. 언어폭력, 왕따 등 현실에서의 따돌림을 넘어 이제는 카톡 등 SNS상으로 왕따를 가하는 사이버 폭력이 날이 갈수록 심각해지고 있다. 카카오톡 왕따인 '카따'에서 피해 학생의 데이터를 갈취해서 사용하는 '와이파이 셔틀', 게임에 필요한 아이템을 상납받는 '게임 아이템 셔틀'에 이르기까지 그 유형도 다양하다.

우리의 교육은 근본적으로 전인교육을 지향한다. 교육자라면 당연히 성품을 올바르게 키워야 할 책임이 있다. 가정이든 학교든 그 책임에서 벗어날 수가 없다. 하지만 최근 들어 그 책임을 방기하는 경우가 늘고 있다. 그러다 보니 지적 재능은 뛰어난데 성품이 뒷받침이 안 돼 회사에서 일찍 퇴사하는 사례가 많아지고 있다. 심지어 정치, 경제, 언론 등 각 분야의 유력 인사들까지도 성품과 관련한 결격사유로 보는 이의 눈살을 찌푸리게 하는 일들이 많다.

아이들은 어릴 때는 말도 잘 듣고 정직하다가 초등학교 고학년이 되면서부터 거짓말이 일상화된다. 숙제했냐고 물으면 안 했으면서도 했다고 하고, 학교 시험을 못 보았는데도 엄마와 아빠의 기대 때문에 시험을 잘 봤다고 말한다. 심리학자들에 따르면, 자기 존중감을 지키려고 거짓말을 한다지만, 도덕성의 문제로 보았을 때는 이것을 그냥 넘겨서는 안 된다. 어릴 때부터 옳고 그른 것을 분별할 수 있는 능력을 가르쳐야 한다.

한 번은 딸아이가 피자집 전단지 200장을 돌리는 알바를 한 적이 있다. 장당 20원씩이었는데 두어 시간 후 4,000원을 받아가지고 제 엄마한테 와서는 전단지를 돌려 용돈이 생겼다고 자랑을 했다. 아내는 전단지를 어디에 어떻게 돌렸느냐고 물었다. 딸아이는 100장만 돌리고, 나머지 100장은 쓰레기통에 버렸다고 답했다. 그 말을 들은 아내는 딸아이를 혼낸 후 "전단지 버린 곳이 어디니? 엄마랑 같이 돌리자"면서 끝내 전단지를 함께 돌렸다.

아들이 중학교 친구들 5명과 함께 서울로 견학을 간 일이 있었다. 그런데 귀갓길에 친구들과 지하철 표를 끊지 않고 검표기를 뛰어넘다가 그만 직원에게 붙잡히고 말았다. 아이들에게 부모님의 전화번호를 적도록 한 직원은 학부형들에게 전화해 사정을 전했다. 대부분의 학부형은 자신의 아이가 그럴 리 없다며 전화를 끊었다고 한다. 하지만 아내는 "정말 잘못했네요. 아주 혼내주세요. 그리고 지하철 범칙금은 규정대로 10배인 15,000원을 보내드리겠습니다"라고 답했다고 한다. 귀가한 아들은 지하철 직원 아저씨가 "너의 엄마, 최고"라고 했다는 말을 전했다.

이처럼 아이들은 경험을 통해 정직을 배우게 된다. 아이들이 잘못할 수는 있다. 잘못을 반복하지 않는 것이 중요하다. 다행인 것은 성품을 교육으로 바꿀 수 있다는 것이다. 학교도 물론 그중 일부를 담당한다. 하지만 가장 중요한 성품교육의 현장은 가정이다. 성품은 기본적으로 부모가 모범을 보이면서 가르쳐야 한다.

부모가 폭력적이면 자녀도 폭력적으로 되기 십상이며, 동생이나 다른 사람들을 때리게 된다. 부모가 불평을 많이 하거나 부정적인 말을 많이 쏟아내면 자녀 또한 그렇게 되기 쉽다. 이처럼 가정은 성품을 키워내는 가장 중요한 장소이다. 부모가 모범을 보이면서 자녀의 성품교육에 최대한의 노력을 기울여야 하는 이유다.

자녀들이 길러야 할 성품의 종류는 매우 다양하다. 적게는 10개에서 많게는 50여 개에 이른다. 또한 어느 부문을 강조하느냐에 따라 성품이 달라질 수 있다. 가령, 공부하는 학생들에게 필요한 성품으로는 변화 추구하기, 상대방 이해하기, 친구 성공 돕기, 단점과 약한 부분 보완하기, 항상 긍정적 자세 갖기, 좋은 점 찾아 칭찬하기, 감사하기, 각자의 다름 인정하기, 열정 갖기 등이 있다. 여기서는 미래에 필요한 기본이자 필수인 성품 다섯 가지를 살펴볼 것이다.

질서 의식 강화하기와 예의 지키기

질서의 반대는 무질서다. 미래는 불확실, 불안정, 무질서의 시대일 가능성이 높다. 최소한 가정과 학교에서는 질서를 가르쳐야 한다. 코로나19를 통해 경험했겠지만 질서는 생명과도 직결되기 때문이다. 우리가 생활하는 데 필요한 대부분의 것들은 질서를 가지고 체계적으로 설계되어 있다. 따라서 제대로 사회생활을 하려면 질서를 지켜야 한다.

아이들은 책상 위에 놓인 물건들을 제자리에 정돈하는 것에서부터 질서를 배워야 한다. 부모에게 순종하고 어른들에게 예의 바르게 대하는 것도 사회 질서를 지키는 일이다. 말도 함부로 해서는 안 된다. 질서 있고 정제된 말을 하는 것도 언어 질서를 따르는 일이다. 모든 영역에서 질서는 매우 중요하다. 질서는 성품을 이끌어가는 맏형과도 같다.

자유와 자기 절제

인간은 자유로운 존재다. 스스로 선택하고 억압받지 않을 자유가 있다. 하지만 자유에는 책임이 따른다. 올바르지 않은 선택으로 자신이나 주위를 힘들게 하는 것은 진정한 자유가 아니다. 자녀들은 부모의 소유물이 아닌 독립적인 존재다. 그렇다고 해서 부모의 그늘에서 벗어나 제멋대로 행동하라는 의미가 아니다.

아이들에게 자유를 허락하되 스스로 절제하는 능력을 키우도록 가르쳐야 한다. 게임을 좋아한다고 해서 장시간 방치해서도 안 된다. 일정한 시간만 하고 자기 일을 할 수 있도록 절제 능력을 심어주어야 한다. 자유는 스스로 가치 있는 일을 할 때 빛나는 법이다.

책임감

책임감은 자녀에게 일찍 가르쳐 줄수록 좋다. 우리가 사는 세상은 혼자 사는 곳이 아니다. 다른 사람들과 함께 영위하며 사는 곳이다. 모든 사람은 공동체에서 맡은 역할이 있다. 그것을 제대로 수행하지 못하면 원망과 다툼으로 공동체가 어려움에 빠질 수 있다. 따라서 공부 외에도 아이들에게 가사를 분담시켜 자신의 몫을 수행하도록 해야 한다. 그리고 그 일을 잘했을 때는 칭찬과 감사로 아이들의 자존감을 키워 주어야 한다.

배려

배려는 자신보다 타인의 존재를 인정하고 존중하는 것을 뜻한다. 훌륭한 리더는 상대방을 세워주고 상대방을 잘 되게 한다. 반면 어리석은 리더는 상대방을 지배하거나 그 위에 군림하려고 한다.

우리는 아이들을 훌륭한 리더로 키워야 한다. 그러기 위해서는 상대방의 감정을 읽고, 아픔을 같이 하며, 격려하고 돕는 것의 중요성을 가르쳐야 한다. 자그마한 봉사활동이나 일상에서 어려운 사람을 돕는 것을 실천하거나 동참하도록 하는 것도 좋다.

겸손

겸손은 다른 사람을 존중하고 자기를 낮추는 것을 뜻한다. 겸손한 사람은 질서를 지키고 자기보다 못한 사람에게 머리를 숙일 줄 한다. 베스트셀러인《좋은 기업을 넘어 위대한 기업으로》의 저자이자 스탠퍼드 대학교 교수인 짐 콜린스는 위대한 기업으로 발전하는 요인을 연구해서 핵심적인 두 가지 결과를 얻었다. '결단력'과 '겸손'이 그것이다.

겸손할 때 우리는 큰 통찰력을 얻을 수가 있다. 정상에서 볼 수 없었던 위대한 아이디어를 낮은 자리에서 찾아낼 수가 있다. 아이들을 겸손한 사람으로 길러 통찰력이 뛰어난 사람이 되도록 해야 할 것이다.

아이들은 학교와 학원에서 지식을 습득하느라 항상 바쁘다. 하지만 성품이 뒷받침되지 않는 지식은 매우 위험하다. 좋은 성품은 자신을 풍성하게 할 뿐만 아니라 주위를 환하게 만든다. 인공지능이 가지지 못한 성품을 자녀들이 풍성하게 기를 수 있도록 해주어야 할 것이다.

매일 20분의 대화로 천재성을 단련시킨다

우리 사회에서 부모들은 맞벌이로 바쁘다. 그러다 보니 함께하는 시간이 부족해 아이들에게 항상 미안함을 가지고 산다. 모처럼 시간이 생겨 아이와 의미 있는 대화를 나누고 싶어도 어디서부터 어떻게 시작해야 할지 막막할 때가 많다.

그래서 여기서는 자녀를 천재로 만드는 다섯 가지 효과적인 대화법을 소개한다. 해당 시간은 20분으로 했다. 이것은 부모와 자녀 모두를 배려한 것이다. 2시간이라고 하면 바빠서 실천하지 못할 것이기 때문이다. 20분 동안 다섯 가지 질문을 4분씩 해도 상관없다. 4분이 너무 빠듯하다면 요일별로 진행해도 된다.

이 대화법은 그림 및 전체적으로 이해하기, 있는 그대로 보기, 숨어 있는 비밀 찾기, 다양한 관점에서 보기, 나와의 관련성 찾아보기 등으로 구성되어 있다. 교재는 집에 있는 교과서면 충분하다. 아이들이 어리다면 좋은 그림책을 활용하면 효과적이다.

시작할 때는 자연과 관련된 과학책으로 하다가 점차 다른 과목으로 확장하면 좋다. 학년에 맞추어 수준도 점차 올리면 된다. 중요한 점은 자녀의 성장에 따라 질문 수준을 달리해야 한다는 것이다. 자녀와 함께 공부한다는 마음으로 실천하면 더욱 효과적이다.

1. 그림 및 전체적으로 이해하기

숲과 길이 있는 그림책을 펼쳤다면 다음과 같은 질문을 해보자.

- "이 그림을 보면 무슨 느낌이 드니?"
- "이 그림 속에 있는 것이 무엇인지 한 번 알아볼까?"
- "이 그림을 가지고 무슨 이야기를 만들 수 있을까?"

글이 나오면 전체를 쭉 읽도록 한 후 다음과 같이 질문한다.

- "전체적으로 무엇에 관해 쓴 것 같아?"
- "읽은 후의 느낌은 어때?"
- "내용을 몇 개로 구분한다면 어떻게 하는 것이 좋을까?"
- "내용 중 가장 중요하다고 생각하는 단어는 무엇이니?"
- "내용을 엄마에게 알려줄 수 있겠니?"
- "다른 제목을 짓는다면 무엇이 좋을까?"

- "글을 읽고 궁금한 것 중 질문 두 가지를 적고 말해볼래?"

2. 있는 그대로 보기

다시 한 번 읽으면서 이제는 단어와 단어, 문장과 문장 간의 관계 등에 대해 생각하도록 질문한다.

- "첫 번째 문장부터 세 번째 문장까지 가장 중요한 단어와 내용은 무엇일까?"(이때 그 내용에 대해 추가 질문을 던지거나 어려운 단어를 해석해 주면 좋다).
- "네 번째 문장부터 여섯 번째 문장까지 가장 중요한 단어와 내용이 무엇일까?"
- "이 글을 읽고 난 후 어떤 느낌이 드니?"
- 이 글을 읽고 난 후 너의 올해 목표에 대해 어떻게 생각하니?"
- 이 글이 쓰인 배경과 상황은 무엇일까?"
- 이 글의 제목을 짓는다면 무엇이 좋을까?"(두 번째 읽을 때는 느낌이 다를 수 있으므로 글의 제목도 전체적으로 이해하기와 다를 수 있다).

3. 숨어 있는 비밀 찾기

상상, 이유, 원인, 비유, 대조, 유추, 추론 등 글 속에 숨은 다양한 의미들에 대해 질문한다.

- "숲속에 길은 왜 필요할까?"
- "숲속에는 어떤 동물과 식물들이 살까?"
- "나무와 식물은 어떤 관계일까?"
- "숲에서 나무의 역할은 무엇일까?"
- "숲이 우리에게 주는 이익은 무엇일까?"
- "숲의 나무들을 잘라버리고 거기에 아파트를 지으면 어떻게 될까?"
- "숲 너머에는 무엇이 있을까?"
- "계절마다 숲이 달라 보이는데, 어느 계절에 가장 아름다울까?"
- "이 숲에서 네가 가장 하고 싶은 일은 무엇이니?"

4. 다양한 관점에서 보기

글의 내용을 다시 한 번 읽도록 한 후, 이번에는 다른 관점에서 보도록 질문한다.

- "하늘에서 보면 이 숲은 어떻게 보일까?"
- "땅속에서 올려다보면 이 숲은 어떻게 보일까?"
- "나무를 베어 목재공장에 파는 사람들에게 이 숲은 어떤 의미일까?"
- "주말마다 산책을 하는 가족 입장에서 이 숲은 어떤 의미일까?"
- "이 숲은 저절로 생겨났을까? 아니면 누가 만들었을까?"

5. 나와의 관련성 찾아보기

글의 내용과 관련 있거나 응용할 수 있는 질문을 해보자.

- "저 숲길을 걸으면 어떤 느낌이 들까?"
- "많은 사람들이 나뭇가지를 꺾는데, 왜 숲은 아파하지도 않고 화내지
  도 않을까?"
- "이 숲처럼 참아주고 받아주고 반겨주는 사람이 있다면 누구라고 생
  각하니?"
- "네가 숲이라면, 어린이들에게 무슨 말을 해주고 싶니?"
- "네가 나무라면 어떤 나무가 되고 싶니?"
- "네가 이 숲의 주인이라면 어떻게 가꾸고 싶니?"

매일 대화를 통해 이렇게 20분 동안 의도적이고 반복적인 학습 시간을 가진다면 자녀 내면에 잠재되어 있던 보물이 점차 빛을 내게 된다. 시간이 갈수록 자녀는 거시적이 될 뿐만 아니라 세밀한 것도 볼 줄 알고, 숨겨진 의미도 찾게 될 것이다. 또한 자신도 제대로 알아가고, 자신을 둘러싼 외부 관점에서도 사물을 이해하게 된다. 가정에서 이런 창의적인 학습이 이루어지면 학교에서 놀라운 효과를 발휘하게 된다.

만약 교과서를 가지고 이런 대화를 나눈다면 어떻게 될까? 깊이 있게 공부하는 기회가 되기에 학교 수업에 자신감을 가지고, 강요하지 않아도 스스로 질문을 던질 것이다. 이때 선생님의 긍정적인 피드백까

지 더해지면 자녀의 자존감은 올라가고, 자발적으로 더 열심히 공부하게 되어 학습적 성장이 더욱 향상될 것이다.

그러니 하루 20분 만이라도 자녀와 집중적인 대화 시간을 가져보라. 아침이든 저녁이든 시간을 정해놓고 해야 한다. 오늘 감사한 일, 오늘 잘 했던 일 등에 대해 물으면서 시작하면 감성을 자극해 더욱 효과적으로 진행할 수 있다. 또한 한 교재가 끝나면 점차 다양한 과목, 주제, 분야로 도전한다. 이렇게 다양한 간접 경험을 해나가면 자녀는 사고력이 비약적으로 발전해나갈 것이다.

제프 콜빈은 《재능은 어떻게 단련되는가》에서, 그저 많이 노력한다고 해서 되는 것이 아니라 '의도적인 연습(Deliberate Practice)', 즉 목표를 가지고 집중적으로 하는 노력이 탁월한 성과를 가져온다고 말했다. 이 의도되고 집중된 20분이 자녀를 미래의 주인공으로 성장시키는 디딤돌이 될 것이라고 확신한다.

4장

좋은 가정이
미래 인재를
만든다

01

좋은 부모가 훌륭한 인재를 만든다

누구나 행복한 가정을 꾸리고 싶어 한다. 행복은 인류의 궁극적 목표이자, 이상적 유토피아였다. 여기서 '행복'이란 만족을 느끼는 정신적, 감정적 상태를 뜻한다. 사람들은 복된 가정, 복 받은 부모, 복 받은 자녀라는 표현을 자주 사용한다. 여기서 '복'이란 행복과 행운을 가져다주는 것으로, 크게 보면 행복과 무관하지 않다. 행복한 가정이 복된 가정이고, 복된 가정이 행복한 가정이라 할 수 있다. '행복한'이란 뜻을 지닌 히브리어 '아쉐르'는 '직진하다', '바르게 가다', '일이 진척되다'라는 뜻을 가지고 있다. 행복은 바른 방향으로 진행할 때, 하고자 하는 일이 순조롭게 풀릴 때 느끼는 감정으로 방향성과 과정을 내포한다.

하버드대학교에서 십 년 이상 '행복학'을 강의했던 숀 아처(Shawn Achor) 교수는 긍정적인 마인드가 행복을 가져온다는 연구 결과를 발표했다. 그의 연구에 따르면, 긍정적인 마인드를 가지고 행복하게 살아갈 때 성공이 다가온다고 한다. 암울한 현실에서도 행복할 수 있다는 생각의 전환이 성공을 가져온다고 한다. 또한 그는 누구나 행복해질 특권을 가지고 있다고 주장했다.

실제로 긍정적인 감정은 사고력과 창의력을 확대하여 행복감을 조성하면서 물질적, 정신적, 사회적 자원들을 좀 더 적극적으로 활용할 수 있게 한다. 하지만 정작 현실에서는 성공을 위해 현재의 행복을 희생하는 사람을 쉽게 발견할 수 있다. 자녀의 성공을 바라면서 부모가 희생하는 경우도 그와 같은 맥락이다.

그렇다면 좋은 부모와 행복한 부모는 어떻게 다를까? '좋은(good)'이란 단어는 '착한, 성실한, 의로운, 성품이 좋은' 등의 뜻을 지닌다. 행복한 부모가 감정적 측면이 좀 더 강조된 것이라면, 좋은 부모는 성품적 측면이 좀 더 강조된 표현이라 할 수 있다. 행복한 부모에게 긍정적인 마인드가 중요하다면, 좋은 부모에게는 착하게 살려는 의지가 중요한 격이다. 이는 무엇에 초점을 맞추느냐의 차이일 뿐이다.

자녀는 부모가 행복하게 사는 모습을 보면 '아, 나도 저렇게 살아야지'라고 생각한다. 또한 부모가 나쁜 짓을 저지르지 않고 착하게 사는 모습을 보면 '아, 나도 엄마 아빠처럼 착하고 선하게 살아야지'라고 생각한다. 이렇듯 부모는 자녀에게 거울 같은 존재이다. 자녀는 부모의 모습을 보며 자란다. 참고로 이 책에서는 좋은 부모를 행복한 부모와 동격으로 사용할 것이라고 미리 밝혀둔다.

그렇다면 좋은 부모는 어떤 모습을 가지고 있을까? 좋은 부모는 자녀와의 관계에서 다음과 같은 특징을 가진다.

첫째, 자기 삶을 충실하게 산다. 자녀를 위해 특정 기간 동안 자기 삶을 희생(?)할 수는 있다. 하지만 그것에 마음 아파하거나 속상해 하지 않고, 기쁨으로 여긴다. 긍정적인 마인드로 자녀를 양육하고, 교육한다. 그렇다고 해서 자녀에게 종속되거나 대리만족을 추구하지 않으며, 자신의 삶을 책임감 있게 살아간다. 그리고 그것이 가장 좋은 교육이라는 것을 잘 알고 있다.

둘째, 부부 서로가 존중하고 깊은 이해와 대화를 통해 좋은 관계를 유지한다. 자녀 앞에서도 부부가 서로를 존중하고, 크고 작은 일에 대해서도 대화를 잘한다. 또한 함께 협력하며, 부족한 점을 서로 채워주려고 노력한다. 단점보다는 장점에 주목하며, 상대방이 나보다 나을 수 있다는 생각을 가지고 있다. 한쪽이 힘들어 하면 왜 힘들어 하는지 생각하며 도와주려고 한다. 자녀와의 관계도 중요하지만 부부 간의 관계를 좋게 유지하기 위해 항상 노력한다.

셋째, 자녀를 소유물로 여기지 않고 자녀의 행복을 진심으로 돕는다. 자녀를 창조주로부터 받은 선물로 여기며, 놀라운 재능을 가지고 이 세상에 왔다고 믿는다. 자녀의 재능이 무엇인지 발견하기 위해 노력하며, 잠재력을 발견하고 키우기 위해 노력한다. 성장 기간 동안 가치관을 일방적으로 강요하지 않으며, 자녀들이 진정 행복할 수 있도록 이해하고 격려한다. 자녀의 나이가 어려 가치관이 형성되기 전에는 대화를 통해 좋은 가치관을 형성하도록 도와준다.

가정 폭력을 일삼는 가정의 경우, 부모가 자녀를 소유물로 치부하는 경향이 있다. 자녀가 똑똑하거나 말을 잘 들으면 좋아하지만, 그렇지 않으면 크게 혼을 낸다. 심지어는 일상적으로 손찌검을 하는 경우도 있다. 부모는 자녀를 하나의 인격체로 여기고 보호하며 성장시킬 의무가 있다.

넷째, 올바른 가치관을 지니고 있다. 그들은 인생을 조급하게 살지 않으며, 무턱대고 명예나 부나 권력 등을 추구하지도 않는다. 대신 자기 자신을 발전시키며, 거기서 행복을 찾고 자존감을 키워나간다. 좋은 부모는 자녀의 자존심은 낮춰주고 자존감은 높여준다. 자존심은 남과 비교해서 내가 어떠한가를 생각하는 것으로, 자존심이 센 사람은 부러움과 시기로 항상 마음이 편치 않다. 반면 자존감은 자신의 태도에 대한 것으로, 자존감이 높은 사람은 다른 사람의 말에 크게 동요하지 않는다. 자기 자신을 신뢰하고 잘 해 나갈 것을 믿기 때문이다.

다섯째, 자신의 상처와 아픈 마음을 스스로 치유한다. 부모가 정서적으로 건강하지 않으면 자녀도 영향을 받는다. 부모가 신체적·정서적으로 건강하고, 행복한 삶을 살아야 하는 이유다. 이 부분은 뒤에서 별도로 다룰 것이다.

여섯째, 어려운 사람을 돌볼 줄 아는 따뜻한 마음을 가지고 있다. 그들은 대가 없는 선행을 베풀고, 진정으로 가슴 아파하고 공감하며, 수고를 마다하지 않는다. 이런 가정에서 자란 자녀들은 자연스럽게 이웃사랑을 배우고 실천한다. 이를 통해 세상을 살아가는 큰 시야를 가진다.

마지막으로, 삶의 겸손함을 가지고 있다. 그래서 나름대로 최선을 다하면서도 창조주나 이웃의 예기치 않은 도움에 감사하며 살아간다. 아이들이 치열한 경쟁 사회에서 앞자리를 차지하기 위해 경쟁의 룰을 깨트리고, 선하고 약한 사람을 어려움에 빠지게 해서는 안 된다. 수단과 방법을 가리지 않으면 그 순간은 금메달을 딸지 몰라도 인생의 금메달 수상자는 될 수 없다.

우리 주위에는 '행복하고 좋은 부모'라는 자격증을 따기도 전 얼떨결에 부모가 된 사람들이 많다. 그렇다 보니 아이가 태어난 기쁨도 잠깐, 어떻게 양육해야 할지 우왕좌왕하는 사람도 있다. 하지만 답은 명확하다. 좋은 부모, 행복한 부부가 되려고 노력한다면 아이는 자연스럽게 최고의 자녀로 성장할 것이다.

선한 영향력이야말로 가장 좋은 교육이다

최근 경제적인 이유나 성격 차이 등으로 가정이 파괴되는 비율이 높다고 한다. 그 과정에서 부부는 물론 자녀 또한 상처를 입는다. 누구나 좋은 가정을 꿈꾸고 소망할 것이다. 그것이 행복에 미치는 영향이 크기 때문이다. 실제로 2020년 4월 한국보건사회연구원이 발표한 〈한국인의 행복과 삶의 질에 관한 종합연구〉에 따르면, 행복의 조건 1순위로 '좋은 배우자와 행복한 가정을 이루는 것'을 꼽았다고 한다.

그러나 좋은 가정을 이루기 위해서는 부부의 굳은 결심이 필요하다. 독일의 디트리히 본 회퍼(1906~1945) 목사는 "사랑이 결혼을 만드는 게 아니라 결혼이 사랑을 만든다"고 주장했다. 결혼식장에서 행해지는 신혼부부의 사랑의 서약도 중요하지만, 함께 가정을 지키고 아이를 잘 키워내야겠다는 약속과 헌신도 중요하다. 사랑은 상황에 따라 뜨거워지기도 하고 차갑게 식기도 하지만, 결혼에 대한 헌신과 결단은 힘든 상황과 어려움을 이겨내게 하기 때문이다.

또한 좋은 가정을 이루기 위해서는 부부가 서로 존중하는 마음을 가져야 한다. 부부는 한 가족이지만 개개인은 인격적으로 존경받고 사랑받아야 할 존재이다. 따라서 서로의 의견을 늘 존중해야 한다. 때로는 비합리적으로 들리더라도 자신보다 더 나은 생각일 수도 있다는 열린 태도를 가져야 한다.

자녀의 교육관에 대해서도 의견을 일치시키는 것이 좋다. 어떤 방식으로 교육하면 좋을지 의견을 교환하고, 다르면 어떻게 조율해 나갈 것인지 계속 소통해야 한다. 교육관에 대한 이견이 많아지면, 말다툼이나 분쟁의 불씨가 될 수 있기 때문이다.

우리는 물건 담는 용기를 그릇이라고 말한다. 이와 마찬가지로 우리가 사용하는 말을 담는 그릇을 필자는 '말그릇'이라고 한다. 부모가 쓰는 말과 언어 행위는 자녀들에게 큰 영향을 미친다. 사랑의 말, 불평과 시기의 말 등 모든 말들이 자녀의 언어 행위에 영향을 미친다.

언어뿐 아니라 부모의 일상 행동도 '가정의 틀'이 된다. 사랑을 표현하는 법, 대화하는 법, 옷 입는 법 등 부모의 모든 행동이 자녀의 인식 세계에 들어가 세상을 바라보는 프레임이 되고, 성격을 결정하는 밑거름이 된다. 부모는 이 틀을 잘 만들어 자녀에게 보여주어야 한다. 왜냐하면 이것은 학교에서 배우는 지식 등과 융합되어 자녀의 생활습관이 되기 때문이다.

학교에서 똑같은 내용을 배워도 가정의 틀에 따라 개념을 해석하거나 확장하는 능력이 달라진다. 필자는 이를 '가정 DNA'라고 말한다. 그것은 부모의 '학위 DNA'와는 다른 것으로, 학위 DNA보다 자녀에게 더 큰 영향을 미친다. 좋은 가정을 만들어야 하는 이유가 바로 여기에 있다.

필자의 집은 어린 시절 가난했다. 중학생이 되었을 때, 마을은 새마을운동이 한창이었다. 학교에서 돌아오면 초가집 한두 채가 함석판이나 기와로 지붕이 교체되어 있곤 했다. 이때 우리 집 지붕이 가장 늦게 교체되었다. 마을에 전기가 들어오고 수돗물이 공급되었지만 이 역시 우리 집이 맨 마지막이었다. 자가 부담금을 늦게 내서 그랬을 것이다. 그래도 하루하루 뭔가 바뀌는 것이 마냥 신기했다. 비록 집은 가난했지만 어머니의 사랑으로 그 시절을 잘 이겨낼 수 있었다.

어머니는 결혼 후 몸이 자주 많이 아프셨다. 한번은 장티푸스에 걸려 방에 격리된 후 간신히 목숨을 건지시기도 했다. 이렇게 어머니는 늘 몸이 편찮았지만 아픈 몸을 이끌고 농사를 지으셨다.

어느 날 밭일을 하던 어머니는 또 다시 큰 고통을 느끼셨다. 이때 대구로 시집간 친정언니의 말이 생각나셨다고 한다.

"너, 그렇게 아프고 힘들면 교회에나 한번 가봐."

어머니는 호미를 내려놓고 곧장 5킬로미터쯤 떨어진 외딴 마을의 교회로 가셨다. 평일이라 교회에는 아무도 없었다. 교회 마루에 털썩 주저앉은 어머니는 이상하리만치 몸이 가벼워지는 것을 느끼셨다. 그날 이후 어머니는 일흔이 넘을 때까지 새벽기도를 빠트리지 않으셨다. 유교 가풍이 심했던 집안이라 아버지를 비롯해 친지의 시선이 곱지 않았지만 어머니의 신앙은 변함이 없었다.

내가 고등학교에 진학할 때 입학금이 없어 밤늦게까지 먼 동네로 돈을 구하러 다니시던 어머니의 모습이 눈에 선하다. 대학에 입학한 후 집에 내려간다고 연락하면 어머니는 아침부터 버스 정거장이 있는 곳을 수십 번씩 바라보며 아들을 기다리셨다. 그래서 그다음부터는 아예 연락을 하지 않고 내려가 어머니를 놀라게 했다. 그때마다 어머니는 "오면 온다면 말을 해줘야지" 하면서 미소로 반기셨다.

그 때문일까? 나는 가난해도 사랑만 있으면 가정의 좋은 그릇이 만들어진다고 확신하게 되었다.

필자는 최선의 교육방법이 좋은 부모로부터 좋은 영향을 받는 것이라고 굳게 믿고 있다. 형편상 일찍 가정을 떠나 외지에서 생활하더라도 좋은 모델을 가질 수 있다.

나는 고등학교 3학년 때 목포의 누나집에서 조카들 공부를 봐주면서 학교를 다녔다. 그때 누님의 가정 분위기가 참 좋았다. 매형의 적절한 카리스마와 유머, 누님의 부드러움과 자녀 사랑 등을 보며 '아, 나도 크면 이런 가정을 꾸려야지!' 하고 다짐했다.

어린 아이들 입장에서 '좋은 가정'이란 부모가 '자기들을 사랑하고, 울 때 안아주고, 무서워할 때 곁에 있어주고, 언제라도 부르면 달려오고, 나를 자랑스럽게 여겨주는' 가정을 의미한다. 이런 가정에서 아이들은 건전하게 성장하고 훌륭한 자녀로 자라게 된다.

　가족은 '함께'하는 사회 조직이다. 비록 물리적으로는 멀리 떨어져 있더라도 마음은 늘 함께하는 것이 중요하다. 가정은 가장 작지만 가장 중요한 사회 조직이다. 가정에서 모든 것이 시작되고 파생된다. 모든 가정은 스토리를 가지고 있다. 부모라면 자녀가 자랑스럽게 그 스토리를 말할 수 있도록 좋은 가정을 꾸며야 한다.

　살다보면 어려움도 있게 마련이다. 하지만 그때가 가장 좋은 교육의 장이 될 수 있다. 가족 구성원들끼리 서로 합심하고 인내하고 이겨내는 과정을 지켜보면서 자녀들은 내적으로 크게 성장한다. 그러면 가족 간의 관계는 더욱 끈끈해지고, 그 가정은 더욱 멋진 스토리를 만들어내게 된다.

목적이 있는 삶으로 아이들을 이끌자

왜 사람들은 다른 이들에게 선행을 베푸는 것일까? 자신도 누군가에게 도움을 받아 그것을 감사히 여기고, 자신도 누군가에게 도움을 주어야 한다고 생각하기 때문이리라. "남에게 대접을 받고자 하는 대로, 그렇게 하라"는 성경 구절은 이른바 황금법칙(Golden Rule)으로 잘 알려져 있다. 부모가 자녀에게 가르치고 본보기를 보여야 할 것은 정말 많다. 선행도 그중 하나다.

선행을 베푸는 것은 그 자체로도 아름답지만, 파급 효과도 매우 크다. 지난 21년 동안 전주에서 '얼굴 없는 천사'로 기부를 한 분에 대한 기사를 본 적이 있다. 이런 분들 덕분에 사람들의 마음이 따뜻해지고, 여기저기서 다양한 형태의 기부와 자선이 이어지는 것이리라. 이 얼굴 없는 천사를 기리기 위해 '천사는 바이러스'라는 영화가 2018년 제작되어 개봉되기도 했다. 선행은 이렇듯 늘 좋은 영향을 끼친다.

코로나19가 한창일 때 언론을 통해 전해진 의료진의 헌신과 선행을 기억할 것이다. 또한 자신도 힘들지만 더 어려운 이웃을 위해 써달라며 기부를 한 사람들도 참 많았다. 이들로 인해 우리는 감동을 받고 살아갈 힘을 얻을 수 있었다. 그런 선행을 눈앞에서 부모가 행한다면 어떻겠는가? 자녀에게 주는 영향력이 매우 클 것이다.

아는 지인 중 성공적으로 사업을 하시는 분이 있다. 그 분은 사업 초기 어떻게 하면 사업을 잘 할지 고민하다가 공단에서 잘나가는 기업에서 해법을 찾으려 했다. 그 공단의 한 기업에 개발실장이 있는데, 그 분 때문에 회사가 잘 된다는 소문이 들려왔다. 그 말을 들은 지인은 기회만 있으면 그를 찾아가 점심을 대접하고 친분을 쌓았다. 그 개발실장은 일과가 끝나도 공장에 남아 연구하기를 좋아했고, 심지어 자기 돈을 들이면서까지 여러 가지 연구와 실험을 한다고 했다.

하루는 개발실장이 핏기 없는 모습으로 지인을 찾아왔다. 무슨 일인지 묻자 아내가 암 판정을 받았는데 치료비가 부족하다고 답했다. 사장에게 요청했지만 별 반응이 없었다고 덧붙였다. 이에 지인은 즉석에서 3,000만 원을 건네며 치료비에 보태라고 했다. 개발실장은 돈을 받아들고는 눈물을 흘리며 감사를 표했다.

얼마 후 지인을 찾아온 개발실장은 지난번 호의에 감사하다며 무엇을 도와드리면 좋겠냐고 물었다. 지인은 자기 공장에 들러 아이디어를 달라고 요청했다. 지인의 공장을 둘러본 개발실장은 대당 하루 8,000

개를 만들던 프레스로 3만 개를 만들 수 있으며, 재료비도 개당 10원을 절감할 수 있다고 말했다. 실제로 개발실장의 조언을 따랐더니 정말 그렇게 되었다고 한다. 지인의 회사는 2021년 현재, 일 년에 1억 개가량의 제품을 생산하고 있다. 개당 10원을 절감한다고 가정하면 일 년에 대략 10억 원의 이익을 보는 셈이다. 이 일을 기점으로 지인의 사업은 급성장하기 시작했다.

지인은 이 일을 '조복(造福)', 즉 복을 만드는 일이었다고 말했다. 조복이란 단어는 사전에 없지만, 직장에 다닐 때 사장이 자신에게 선물한 귀한 단어라고 했다. 이처럼 남을 돕는 일은 오히려 자신에게 복을 가져오는 경우가 많다.

아내는 아이들이 어릴 때부터 지하철을 타면 2,000원을 쥐어주었다. 그러고는 구걸하는 사람들이 지나가면 그 돈을 드리라고 했다. 대부분의 사람들은 이런 상황을 접하면 눈을 감거나 무심히 지나친다. '내가 도와주면 거지 근성이 생겨서 평생 저렇게 살 거야', '누군가 뒤에서 시키는 사람이 있어서 저럴 거야'라고 생각한다. 하지만 성년이 된 아이들은 아내에게 이런 말을 했다고 한다.

"엄마가 그런 분들 도와주라고 한 것이 참 좋았고, 인상적이었어!"

이웃을 돕는 데 국가를 초월하는 시각도 필요하다. 국가 간에는 비록 경쟁을 하지만, 서로 간에 인류애적인 우애와 협력과 봉사도 필요하다.

딸아이는 일본의 후쿠시마 핵발전소 방사성 물질 누출 사고 6개월 후 즈음인 2011년에 의학전문대학원 시험을 앞두고 있었다. 그런 바쁜 와중에도 딸아이는 일본으로 선교활동을 다녀왔다. 처음부터 흔쾌히 가기로 한 것은 아니었다. 방사성 물질 누출과 관련한 언론의 심각한 기사들, 특히 방사능이 여자에게 더 위험하다고 해서 겁이 났다고 한다. 하지만 "지금 그들에게는 위로가 필요합니다"라는 현지 선교사의 한마디에 딸아이는 일주일의 짧은 봉사를 위해 6개월을 준비했다.

선교활동 당시 가장 두려웠던 것은 방사성 누출 위험을 지닌 '비'였다고 한다. 그런데 야외 행사 도중 갑자기 비가 내렸다고 한다. 순간 비를 피하고 싶었지만, 빗속에서 해맑게 뛰노는 아이들의 모습에 딸아이는 두려움을 이기고 함께 비를 맞으며 시간을 보냈다고 한다. 그 결과, 한 일본인 아주머니는 딸아이에게 "아무도 오지 않으려는 이 시기에 과거사의 아픔이 있는 한국인들이 우리를 위해 와주어서 정말 놀랐고, 큰 위로와 고마움을 느꼈습니다!"라고 말했다고 한다.

유대인을 떠올리면, 머리가 우수하다는 인식이 제일 먼저 떠오른다. 그러나 이들은 누구보다 이웃사랑을 실천하는 민족이다. 히브리어 글자를 보면 첫 번째가 하나님을 의미하는 '알레프', 두 번째가 집과 성전을 의미하는 '베트', 세 번째가 낙타와 부자를 의미하는 '김멜', 넷째가 가난한 자를 의미하는 '달렛'이다. 이렇듯 하나님의 집, 하나님의 나라를 가장 위에 두고 있지만, 동시에 부자들은 가난한 자를 섬겨야 한다는 정신도 가지고 있다. 대표적인 예로 농사를 지을 때 모든 경작지를 수확하지 않고, 일정 부분을 남겨두어 가난한 사람이 가져가도록 하는 전통을 들 수 있다. 또한 유대인이 새로 정착할 때, 다른 유대인들이 도와주는 것도 이웃사랑을 실천하는 예라 할 수 있다.

어린아이들에게 미래의 꿈을 물으면 "커서 돈 많이 벌어 어려운 사람들을 도와줄래요"라고 대답하는 것을 간간히 볼 수 있다. 하지만 어릴 때 하지 않다가 어른이 되어 갑자기 다른 사람을 도와주기란 쉽지 않다. 따라서 어릴 때부터 작은 것이라도 도와주도록 가르치는 것이 중요하다. 살아가다 보면 혼자 할 수 없는 일들이 너무 많은 것을 알게 된다. 그래서 도움을 주고받는 것이 우리 인생이다.

"아이 하나를 키우기 위해서는 온 마을이 필요하다"라는 아프리카 속담이 있다. 시장에 간 엄마가 아이를 잃어버렸다. 얼마 후 아이를 찾고 나서 그간의 경위를 확인한 엄마는 놀라지 않을 수 없었다. 한 가게에서는 먹을 것을, 다른 한 가게에서는 다른 먹을 것을, 또 다른 가게에서는 편하게 잠을 잘 수 있도록 해주었던 것이다.

공부를 시키는 것도 물론 중요하다. 하지만 왜 해야 하는지 목적을 가르치는 것도 매우 중요하다. 자신과 가족은 물론, 나라와 공동체의 발전을 위해 열심히 공부하도록 아이들을 가르쳐야 한다. 이런 목적으로 공부하면 긍정적인 효과를 가져와 사회를 더욱 훈훈하고 아름답게 만들 것이다.

사회를 생각하고, 세상을 아름답게 만드는 아이로 키우고 싶은가? 그렇다면 우선 어려운 사람이나 기관을 돕는 일부터 함께해보기 바란다. 아이가 교사가 되고 싶어 한다면 아동센터로 가서 함께 봉사를 해보라. CEO가 되고 싶어 한다면 사업에 실패하여 인생 끝자락을 살아가는 노숙자들에게 함께 봉사하는 시간을 가져보라. 그러면 왜 교사가 되어야 하는지, 왜 사업가가 되어야 하는지 깊게 생각하게 되고, 자신의 꿈을 보다 의미 있게 펼쳐갈 것이다.

내 아이가 잘 되기를 바란다면 어려운 아이들에게 도움이 되는 일을 해보라. 장학금을 마련해 도와주거나 재능 기부를 할 수도 있을 것이다. 여럿이 함께 혹은 자녀와 함께하면 더욱 좋다. 먼저 선행을 베풀면 나중에 좋은 일이 생긴다는 단순한 진리를 아이들이 경험하도록 해보자.

영성과 감성으로 영혼을 풍성하게 채워주자

유교 영향이 강한 우리나라에서는 한 개인의 정체성이 '아무개 아빠', '누구 엄마', '○○씨 아들'과 같이 가족의 일원으로 표현되는 것이 일반적이다. 하지만 이러한 호칭이 오히려 개인의 진정한 정체성을 해칠 수도 있다. 정체성은 '존재의 본질을 깨닫는 성질이나 그 성질을 가진 독립적 존재'를 뜻한다.

우리들은 위대한 보물을 지닌 채 이 땅에 태어난 존재다. 결코 '빈손으로 왔다가 빈손으로 가는' 존재가 아니다. 그래서 본능적으로 이 땅에 뭔가를 남기려고 하는 것이다. 《미운 오리 새끼》 동화처럼 처음에는 우리가 얼마나 귀한 존재인지 모르다가 어느 순간 이를 깨닫게 된다.

과거 우리가 속한 동북아 문화권에서는 자녀를 소유물로 여기던 때가 있었다. 농업 생산성을 높이는 노동력으로 인식하기도 했다. 가부장적 사고가 뿌리 깊던 시기 부모의 말은 곧 법이었고, 자녀에게는 발언

권이 주어지지 않았다. 대화할 때도 부모의 지시나 꾸짖는 말이 대부분이었고, 자녀에게는 침묵과 수용만이 강조되었다.

이런 분위기 하에서 터놓고 자유로운 토론이란 애초에 불가능했다. 대화는 항상 부모님이 옳은 것으로 끝났다. 그러다 보니 부모 중 특히 아버지와 자녀 간에 갈등이 심했고, 그 시기 받은 상처와 아픔은 인생에 깊고 길게 그림자를 드리웠다. 그로 인해 자녀 스스로 정체성을 찾는 데에도 상당히 오랜 시간이 걸렸다.

하지만 이제는 자녀를 바라보는 인식이 많이 달라졌다. 많은 부모들이 자녀를 소중하고 귀한 존재로 여기고 있다. 이제 우리는 거기서 한 걸음 더 나아가 자녀가 지닌 무한한 잠재력을 믿고, 그것을 활짝 피울 수 있도록 격려하고 지지해야 한다.

다음은 페르시아의 서정시인 하피즈의 '열어보지 않은 탄생의 선물'이라는 시의 일부분이다.

당신은 태어난 날 받은 선물들을 열어보지 않았습니다.
손으로 직접 만든 선물들이 아주 많이 있지요.
신이 당신에게 보낸 것이랍니다.
사랑하는 신은 주저 없이 말합니다.
"내가 가진 모든 것은 네 것이기도 하다."
당신은 태어난 날 받은 아주 많은 선물들을 열어보지 않았답니다.

천재성은 만들어지는 것이 아니라 태어날 때 가지고 온다. 좋은 부모가 되려면 이것을 반드시 알아야 한다. 이 말은 타고날 때 이미 천재성이 결정된다는 운명론을 뜻하는 것이 아니다. 신은 이미 부모에게 천재를 맡겼는데, 이를 간과하여 바보로 만들고 있다는 뜻이다. 따라서 부모는 자녀의 정체성을 파악하고 인정해 그에 맞는 교육을 시켜야 한다.

다중지능을 주창한 하워드 가드너는 《마음의 틀》이란 책에서 아홉 가지 다중지능 중에 하나로 실존지능, 즉 영성지능을 꼽았다. '나는 누구인가?', '나는 어디에서 왔으며 어디로 가는가?', '산다는 것은 무엇인가?' 등은 나이에 상관없이 묻고 답하는 실존적 · 영적 질문이다.

사춘기는 자신의 정체성을 찾아가는 시기다. 이때가 되면 부모는 물론 사춘기에 접어든 자녀도 당황하기는 매한가지다. 부모는 평상시처럼 자녀를 대하지만, 자녀는 모든 것이 위선적, 즉 말과 행동이 일치하지 않는 것처럼 느껴진다. 부모의 잘 될 것이라는 말도 욕심으로 들리고, 자신을 진정으로 위한다고 느껴지지 않는다.

이때 위안이 되는 것이 친구다. 자신과 똑같은 고민을 하고, 이야기를 나누면 서로 너무나 잘 맞으니 마음 통하는 것은 친구밖에 없다고 생각한다. 이렇게 자녀는 부모 곁을 떠나려는 날갯짓을 한다.

현명한 부모는 이 시기를 정체성 확립의 시기로 본다. 적당한 날을 잡아 사춘기에 접어든 자녀에게 "네가 과거의 집을 허물고 자신만의 집을 지으려고 하는구나!"라며 격려한다. 이왕 지으려면 좋은 재료를 써야 한다며 도와줄 게 있으면 말하라고 한다. 그러면 자녀는 유대감을 느끼고 감동한다. 세게 나가려 하다가도 수위를 조절한다. 자연스레 부모님께 자신의 고민을 말해도 괜찮을 것 같다는 생각을 하게 된다. 이렇듯 부모의 '내려놓기'와 자녀의 '열어놓기'가 이루어지면 정체성 위기의 시기를 별 탈 없이 넘어가게 된다.

이처럼 부모가 자녀를 바라보는 관점을 바꾸면 가정의 평화와 자녀의 올바른 정체성 확립이 이루어진다. 자녀는 그 자체로 유일하며 귀한 존재다. 그들은 저마다의 성격과 장점을 지니고 태어났다. 그런 귀한 존재를 부모의 기준에 따라 우열을 가리거나 차별해서는 안 된다. 다름을 인정하고, 다르기 때문에 더욱 특별하고 귀한 존재로 여겨야 한다. 그래야 특유한 재능과 장점을 살려 자녀가 성공적인 인생을 살 수 있다.

최근 들어 감성지능의 중요성이 강조되고 있다. 감성지능이 부족하면 지적 능력이 뛰어나도 제대로 효과를 발휘하기가 어렵다. 관련 연구에 따르면, 성공 지표로 감성지수가 지능지수보다 두 배가량 높다고 한다. 감성은 자신을 알고 남을 이해하는 능력을 말한다. 감성이 뛰어난 사람은 조직에 활력을 주고 팀워크를 살린다. 또한 조직 내 관계를 부드럽게 하며, 네트워크적인 사고를 잘 한다.

아이들은 대개 네 살 때까지는 감정을 잘 표현한다. 그러다가 열 살무렵이 되면 감정에 대해 두 가지 전략을 세우는데, 하나는 감정을 적극적으로 해결하려는 것이고, 다른 하나는 감정 문제가 해결될 것이라고 생각되지 않으면 참고 견디려는 것이다. 이 과정을 통해 아이들은 자기 통제를 알아간다. 하지만 시간이 흐를수록 아이들은 감정을 잘 드러내지 않기 때문에 부모가 감정을 세밀하게 파악하지 못하면 갈등이 커지게 된다.

한 번은 산책을 하다가 여섯 살쯤 되어 보이는 아이에게 자전거 타는 법을 가르치는 엄마를 본 적 있다. 뒤에서 엄마가 자전거를 잡고 있다가 아이가 페달을 굴리면 놓는 방식으로 진행되고 있었다. 아이는 약간 커 보이는 자전거를 타고 가다가 넘어지기를 반복하고 있었다.

"균형을 잡고 페달을 밟아야지. 안 그러니까 넘어지지. 다시 한 번 해봐."

보호 장비를 착용했지만 아이는 넘어질 때마다 아파했다. 그때마다 뒤에서는 엄마의 목소리가 들려왔다.

"왜 자꾸 넘어져. 누나는 한두 번 만에 잘 타던데. 넌 왜 그러니? 잘 좀 타봐."

엄마의 핀잔에 아이는 자전거 타는 게 싫어진 것 같았다. 그러다 보니 열정이나 도전의식도 느껴지지 않았다. 아이는 아마 누나와 비교당해 자존심도 많이 상했으리라. 이때 "오늘은 여기까지 하자. 힘들지, 우리 아들. 다음에 조금만 노력하면 할 수 있을 거야!", "넘어져도 울지 않는 거 보니 우리 아들 정말 대단한데?"와 같이 감정을 헤아려주고 격려해주었더라면 얼마나 좋았을까.

결과를 위주로 한 부모의 성급함은 자녀에게 상처를 주고 흥미를 떨어뜨린다. 우리는 혹시 일상에서 아이들을 추궁하고 밀어붙이고 남과 비교하고 있지는 않는가?

정체성 확립과 감성교육은 자녀가 살아가는 데 최고의 경쟁력이 된다. 가정은 영성과 감성을 길러주는 매우 중요한 장소이다. 부모는 이러한 능력을 계발하는 최고의 교사임을 절대 잊지 말자.

디지털 지능을 일깨워 미래 경쟁력을 길러주자

우리 집 식구들은 의사소통을 대부분 카톡으로 한다. 딸은 결혼해 분가했고, 아들은 직장 근처에서 생활하다 보니 주말에나 겨우 볼 수 있기 때문이다. 카톡은 아내가 주도한다. 감성이 풍부하다 보니 적절한 문구와 이모티콘을 조합해 식구들에게 보낸다. 우리 가족의 경우, 평상시에 허심탄회하게 대화를 나누는 편이라 짧은 문구라 해도 의미를 파악하는 게 어렵지 않다. 식구 중 힘들어 하는 사람이 있으면 공감할 수 있는 문구나 동영상과 함께 관련 이모티콘을 보내준다.

최근 세상은 스마트화와 디지털화가 급속히 진행되고 있다. 집은 물론 TV, 냉장고, 에어컨, 청소기, 학습로봇, 보안 시스템 등이 스마트화하면서 스마트홈이 되어가고 있다. 머지않아 음성 대화형 인공지능 비서에게 말만 하면 모든 것이 해결되는 시대가 올지도 모른다.

또한 학습로봇이 등장하면 영어 등 외국어 학습 등은 물론 여러 가지

교육을 제공할 것이다. 스마트화는 집이나 교육은 물론 우리 삶 전체에서 현재 진행형이다. 사회의 스마트화가 가속화함에 따라 사람도 스마트화가 진행되어야 한다. 부모가 스마트해지지 않으면 자녀를 통제하기도 어렵다. 이제 부모들도 시간을 투자해 자녀 수준 이상으로 디지털지능(Digital Quotient)을 갖추어야 한다.

4차 산업혁명과 인공지능 기술의 발달로 최근 큰 관심을 끌고 있는 교육 분야가 있다. 바로 '코딩(Coding)'이다. 코딩은 컴퓨터 작업의 흐름에 따라 프로그램 언어로 명령문을 써서 프로그램을 만드는 일을 말한다. 즉, HTML5, CSS3 등의 언어를 사용해 프로그램이나 앱을 만드는 것을 말한다. 이는 유튜브나 학원 등을 통해서도 얼마든지 배울 수 있다.

영어 실력이 부족하면 미국 메사츄세츠공대에서 만든 '스크래치(Scratch)'라는 프로그램을 활용해보는 것도 좋다. 스크래치의 경우 HTML5, CSS3로 구성된 프로그래밍을 블록 단위로 미리 만들어 놓고 독창적으로 배열하여 작동시키기만 하면 배경화면 속에서 사람이나 동물의 움직임을 구현할 수 있다. 그 밖의 다양한 코딩을 활용하면 간단하면서도 재미있는 게임을 만들 수도 있다. 컴퓨터 언어에 흥미를 가진 사람이라면 파이썬을 배워 고급 코딩을 짜거나 복잡한 알고리즘까지 만들 수도 있다. 하지만 이 수준에 이르려면 영어 실력을 어느 정도 갖추어야 한다. 코딩은 눈으로 하면 안 되고 손으로 익혀야 한다.

예전에 한 게임업체를 방문한 적이 있다. 한 팀은 스토리와 거기에 맞는 배경화면을 만드느라, 다른 한 팀은 캐릭터를 개발한 후 각각의 캐릭터에 경험치와 기술을 입히느라 바빴다. 한 캐릭터가 칼을 수백 번 휘두르는데, 프로그래머는 자세가 엉성하면 자연스럽게 보일 때까지 몇 번이고 수정을 했다.

부모가 자녀와 함께 코딩을 하면 재미있는 캐릭터를 개발하거나 함께 작동방법을 바꿀 수도 있다. 또한 어떤 게임이 유익하고 유해한지 의견도 공유할 수 있다. 부모들은 국내외의 온라인 교육 플랫폼이나 개방대학 등를 통해 훨씬 수준 높은 코딩 정보를 얻을 수도 있다.

학교에서 아이들에게 코딩을 가르친다면 가정에서는 독서를 지도하는 것도 좋은 조합이 될 수 있다. 이제는 학교도 학부모들을 초청해 디지털 혁명 등 변화의 흐름과 코딩 등에 관한 세미나를 자주 가질 필요가 있다. 또한 부모는 자녀와 디지털 기기에 대한 지식 차이가 생기지 않도록 시간을 투자하는 것이 필요하다. 디지털 기기도 자주 쓰면 익숙해지듯 힘들어 보이는 코딩도 하다 보면 쉽게 된다.

아이들에게는 포토숍과 일러스트레이터 프로그램을 빨리 배우게 하는 것이 좋다. 이들 프로그램을 사용하면 사물을 다차원적으로 볼 수 있고, 창의력을 키우는 데에도 유용하다. 디지털 시대에 그에 대한 지식이 너무 뒤쳐지면 자녀에게 무시를 당할 수도 있다. 최소한 어떤 앱과 게임이 좋고 나쁜지 정도는 알아야 한다. 그래야 대화나 설득을 할 수 있고, 게임에 심하게 빠졌을 때 통제가 가능하다. 무작정 자녀의 디지털 기기 사용을 막지 말고, 어느 정도 믿고 스스로 규제할 수 있도록 해줘야 한다. 가정마다 다르겠지만, 디지털 기기 사용의 기본 원칙을다음과 같이 세울 필요가 있다.

- 식사 시간에는 디지털 기기를 사용하지 않는다.
- 사용 시간과 규칙을 정한다.
- 규칙을 어기면 디지털 기기 사용을 며칠간 금한다.

늦은 밤 자녀가 유해한 동영상을 시청할 경우에는 강하게 통제해야 한다. 이를 미연에 방지하기 위해서는 스마트폰과 TV에 사용 제한 시간 설정, 원천적 접근 금지, 이미지 검색 추적 등과 같이 다양한 방법을 사용할 필요가 있다.

디지털 시대에는 강압적이기보다는 자유와 자율 규제, 책임과 통제, 대화를 통한 해결 등과 같이 새로운 가정문화를 만들어 가는 것도 필요하다. 상상력과 창의력이 중요한 시대에 디지털 지능이 높고, 디지털과 친화적인 아이가 되도록 부모의 세심한 관심과 배려 등이 요구된다고 하겠다.

06
경청과 공감 능력으로 사회성을 향상시키자

오늘날 가정의 가장 큰 위기를 꼽는다면 대화가 없다는 것이다. 특히 부모와 자녀 간 대화는 수업 및 숙제 점검, 게임 그만하라는 잔소리 등이 주를 이룬다. 어릴 때 아이들은 필요에 의해 부모를 찾다가 성장해 가면서 자신만의 고민에 몰두하게 된다. 그 고민을 함께 나누면서 해결책을 찾아보려 해도 엄마 아빠는 너무 바쁘다. 부모의 바쁜 일정으로 대화가 단절되면 자녀들의 갈증은 해소되지 않은 채 시간만 흘러가게 된다.

현대 사회에서 "침묵은 금이다"는 더 이상 맞지 않는 말이다. 말하지 않으면 무슨 생각을 하는지 어떻게 알 수 있겠는가. 따라서 부모 자식 간에도 적극적으로 대화의 시간을 가질 필요가 있다. 자녀가 귀가하면 모든 것을 멈추고 최소한의 시간은 자녀에게 집중할 필요가 있다. 일방적인 잔소리나 훈계 대신 자녀가 하고 싶은 말을 하도록 해주어야 한다. 어느 정도 아이의 갈증을 해소해준 후 자신의 일을 해도 늦지 않다.

자녀와의 지혜로운 대화는 적극적인 경청에서 시작된다. 경청은 집중해서 듣는 것을 말한다. 아이들은 어릴 때는 적극적으로 말하지만 나이를 먹을수록 돌려서 말하는 경향이 있다. 아이가 성장할수록 마음속까지 헤아리며 듣는 심층적 듣기가 요구되는 이유다. 이때는 적절한 질문을 통해 내적으로 어떤 고민이 있는지 물어 스스로 답을 찾도록 도와주어야 한다.

경청할 때는 3F, 즉 사실(Fact), 감정(Feeling), 의도(Focus)를 구분해서 들어야 한다. 예를 들어 "나는 친구 ○○○을 이제 만나기 싫어요"라고 하면, 무슨 일이 있었는지 사실부터 확인해야 한다. 아이가 느끼는 것은 무엇인지, 일시적인지 장기적인지도 파악해야 한다. 또한 그 친구와 정말 다시 만나지 않으려는 것인지, 아니면 다른 의도가 있는지 그 의미를 정확히 파악해야 한다.

자녀와 대화할 때는 자신의 경청지수를 수시로 점검할 필요가 있다. '끝까지 들어주는가?', '중간에 말을 끊을 때가 많은가?', '처음부터 자기 말만 하고 끝나는가?' 등을 점검해보아야 한다. 이는 책 끝부분의 〈부모 자기점검표〉를 참고하기 바란다. 제대로 경청하지 못하고 있다면 그 이유가 무엇인지 파악할 필요가 있다.

경청과 함께 공감도 중요하다. 공감은 다른 사람의 주장이나 감정, 생각 등에 자신도 그렇다고 느끼는 것을 말한다. 자녀와 좋은 대화를 하기 위해서는 3단계의 공감이 필요하다.

먼저, 자녀가 말할 때 경청하고 중간에 말을 끊으면 안 된다. 둘째, 대화 중간에 맞장구를 치면서 공감하는 것이 중요하다. 이래야 자녀의 마음속에 있는 말이 나온다. 경청이 끝나면 반드시 "말해줘서 정말 고마워"라고 표현해야 한다. "뭐, 별거 아닌 것 가지고 그러냐"나 "네가 잘못해서 그런거네"라는 표현은 삼가야 한다.

경청과 공감을 통해 감정이 어느 정도 풀렸다면 이제는 자녀의 욕구인 '~하고 싶다', '나는 ~가 되고 싶다'를 해결하기 위해 노력해야 한다. 이때 너무 이른 시간 내에 답을 주려 하지 말고, 스스로 답을 찾도록 적절하게 질문으로 코칭해주고 의지를 가지고 해결할 수 있도록 해주어야 한다. 이때 실수하는 것 중 대표적인 것이 자녀가 답을 찾기 전에 참지 못하고 말하는 것이다.

경청과 공감은 대화의 가장 중요한 시발점이 된다. 하지만 이것만으로는 충분치 않다. 대화의 기술도 필요하다. 대화를 하다 보면 사람을 기분 좋게 하는 표현도 있고, 같은 말도 기분 나쁘게 하는 표현도 있다. 즉, 언어 선택과 디자인, 다시 말해 언어의 편집과 같은 '뽀샵'이 필요하다.

가령, 자녀의 방이 더럽다고 가정해보자. "방이 이게 뭐니. 당장 치우고 청소해"와 같은 지시나 명령 대신 "방이 이렇게 정신없으니 보기 안좋구나!"라고 하면 자녀는 청소를 할 것이다. 지시나 명령을 좋아하는 사람은 없다. "~해주지 않을래?", "~해주면 안 될까?"와 같이 완곡한 어법으로 바꾸기만 해도 대화 분위기는 따뜻해진다.

같은 말이라도 형용사나 부사를 한두 개 더 붙이면 효과가 크다. "고마워"라는 말보다는 "덕분에 잘 되었어, 정말 고마워"가 훨씬 듣기가 좋지 않은가. 그냥 "미안해"라는 말보다는 "내가 좀 더 잘 했어야 하는데, 정말 미안해"가 훨씬 낫지 않은가. 바다가 넓고 우주가 넓다고 하지만, 말의 세계는 이보다도 훨씬 넓다. 한마디의 말 속에는 수많은 언어들이 가지를 뻗고 있다. 이를 얼마만큼 알고 응용하느냐에 따라 말은 풍성해진다.

자녀는 칭찬 대상일 뿐만 아니라 잔소리와 지적의 대상이기도 하다. 부모들은 자녀들에게 잔소리를 자주 한다. 맞는 말이긴 하지만 듣기에는 기분이 좋지 않다. 아무리 좋은 의도를 지녔다 해도 듣는 이의 마음을 얼어붙게 한다. 특히 반복되는 지적과 잔소리는 반감만 부를 뿐이다. 열심히 방을 청소하는데 "이왕 하려면 제대로 해라" 하고 다그치면 하던 것도 하기 싫어진다.

같은 지적이라도 따뜻하게 포장하면 마음을 움직일 수가 있다. 가령, 좋은 점을 찾아 따뜻하게 격려한 다음, 완곡한 어법으로 말하면 거부감이 사라지고 변화된 행동을 불러올 수가 있다.

하지만 쓴소리가 필요할 때도 있다. 뜨끔한 '훈계'가 그것이다. 훈계는 건강한 삶을 살기 위해 복용해야 하는 쓰디쓴 약과 같다. 큰 잘못에도 칭찬이나 방임을 해서는 안 된다. 쓴소리나 훈계는 잘못된 길을 벗어나 정상 궤도로 다시 진입하도록 하는 데 활용할 필요가 있다. 불필요한 잔소리와 훈계를 구분해서 사용하는 것은 현명한 부모가 지닌 기본 덕목이다.

평상시 대화할 때는 칭찬을 많이 하는 것이 좋다. 칭찬은 자녀와의 관계에 오아시스와도 같다. 칭찬은 고래를 춤추게 한다지만, 자녀에게는 상상할 수 없는 효과를 가져다준다. 칭찬을 많이, 자주 받은 자녀는 현재에 머물지 않고 새로운 일에 도전하며, 역경에 부딪쳤을 때 더 잘 헤쳐 나간다. 가식적인 칭찬은 역효과를 낼 수 있지만, 적절하고 구체적인 칭찬은 자녀를 성공으로 이끄는 마법을 가져온다.

자녀와 대화하다 보면 답이 없는 경우도 많다. 자녀와의 대화에서 굳이 이기려고 노력할 필요도 없다. 해법이 떠오르지 않는 경우 대화를 끝내고, 다음에 이어가면 된다. 학교에서 하는 토론이나 논쟁에서는 자기 주장을 효과적으로 펼쳐야 되겠지만, 가정의 대화에서는 이기고 지는 것이 의미가 없다. 대화는 소통을 위한 것이지 상대를 이기려는 것이 아니기 때문이다.

대화 중 본의 아니게 상처를 주었다면 먼저 사과하는 것이 좋다. 잘못하지 않았더라도 자녀의 마음을 제대로 헤아리지 못한 것에 대해 사과하면 효과가 크다. 그러고 나면 어느 정도 시간을 두고 기분이 풀렸을 때, 대화를 이어가거나 피드백하는 시간을 가져야 한다.

또한 자녀가 어떤 특정 단어나 주제에 민감하게 반응하는지, 왜 그런지 주의 깊게 들여다볼 필요가 있다. 이를 유념했다가 지혜롭게 대화로 이어가야 한다. 특히 자녀가 지치고 힘들 때 평소 관심을 가진 주제로 대화를 이끌어 가면 분위기 전환에 좋다.

언어는 매우 강력한 힘을 가지고 있다. "당신이 생각하고 있는 말을 1만 번 반복하면 당신은 그런 사람이 된다"는 인디언 속담도 있지 않은가. 한 뇌과학 연구 결과에 따르면, 뇌 세포 230억 개의 98%가 말의 영향을 받는다고 한다. 이는 최근 의학계에서 '언어 중추 신경이 모든 신경을 다스린다'는 학설이 나오면서 언어심리의 발판을 마련했다. 그러니 가능한 한 긍정적인 언어를 사용해서 긍정적인 영향을 미칠 필요가 있다.

"사람 마음을 다스리는 것이 마을 하나를 빼앗는 것보다 어렵다"는 말이 있다. 무턱대고 던진 말이 자녀를 힘들게 할 수도 있다. 따라서 깊이 생각한 후 말하고, 좋은 단어나 긍정적인 말을 사용하며, 마음을 시원하게 해주는 말을 해야 한다. 같은 말이라도 언어를 편집하거나 디자인해서 듣는 이의 기분이 좋아지도록 해야 한다.

오랜 시간 함께 있다고 해서 대화가 저절로 좋아지는 것은 아니다. 대화 시간을 적극적으로 확보하여 서로 웃음과 활기가 넘치는 대화를 시도해보자. 미래 사회는 연결과 협력의 시대가 될 것이라고 한다. 의사소통이 잘 되는 자녀가 좋은 인간관계를 형성하고, 조직에서 탁월한 성과를 나타내며, 성공적인 삶을 영위해나갈 가능성이 높다.

셀프 힐링, 자기 정화로 관계 회복력을 키우자

걸으로는 행복하고 건강해 보여도 속으로는 끙끙대는 사람이 있다. 심지어는 배우자나 자녀가 모르는 깊은 상처나 트라우마를 가진 사람도 있다. 트라우마는 자신의 능력으로 극복하기 힘든 급작스럽고 삶의 의미까지 위협하는 고통스러운 기억을 말한다. 트라우마는 갑작스러운 퇴사, 부모나 자녀의 죽음이나 이혼, 성폭력, 학대 등 심각한 것부터 대중 앞에서 연설하다가 대사를 까먹고 내려온 기억이나 친구들 앞에서 선생님에게 받은 모멸감 등에 이르기까지 매우 다양하다. 심한 경우 어른이 되어서도 여전히 트라우마를 떨치지 못하는 경우도 있다.

아이들은 특히 청소년기에 트라우마를 많이 경험한다. 아버지의 폭력이나 어머니로부터 사랑을 받지 못했을 때 트라우마로 남기도 한다. 이때 트라우마를 제대로 극복하지 못하면 사회생활에 어려움을 겪게 된다. 반면 이때 트라우마를 극복하면 오히려 회복탄력성을 높일 수 있다. 청소년기에는 이러한 트라우마를 폭력이나 범죄로 풀기도 하는데, 음악이나 미술 또는 친구들과 어울리기 등을 통해 해소하도록 유도해야 한다.

기본적으로 자녀는 부모의 성격과 언어생활과 삶의 영향을 받는다. 어른이 돼서 돌이켜보면 신기하게도 절반은 아빠의 장단점을, 절반은 엄마의 장단점을 닮는 자신을 발견할 수 있다. 부모가 열등감을 가지고 있으면 자녀도 열등감을 가질 확률이 높다. 이러한 심리적 열등감은 음주나 흡연 등과 같은 나쁜 습관보다 고치기가 어렵다. 부모의 DNA는 유전되지만, 잘못된 행동은 마음만 먹으면 언제든지 단절할 수가 있다. 부모가 열등감에 빠져 폭력적이었더라도 자녀를 따뜻한 사랑으로 키울 수는 있다.

필자는 아버지의 골똘히 생각하는 모습과 어머니의 따뜻한 사랑과 헌신속에서 성장했다. 그 후 성장하면서 결혼 전에 나름대로 가정의 모델을 만들었다. 그중 하나가 어떤 일이 있든 부부가 대화로 하나가 되는 것이었다. 그렇게 살아온 결과, 아들이 이런 말을 했던 것 같다.

"엄마 아빠가 혼내면 기분 나쁠 때도 있었어요. 그래도 항상 엄마 아빠가 사이좋게 대화하고 서로를 이해하려고 노력하는 것을 보면 기분이 좋았어요."

부부의 생각이 다르거나 갈등이 있더라도 자녀 앞에서 공개적으로 그런 모습을 보여서는 안 된다. 특히 자녀의 교육관을 두고 부부의 의견이 갈리는 경우가 많다. 그런 경우 가정에 틈이 생기는데, 그 해법은 대화를 통해 찾아야 한다.

부부가 살아가면서 힘든 일이 생겼을 때는 유머를 활용해야 한다. 유머는 마음의 부담을 줄여주기 때문이다. 유머는 힘들 때 더욱 빛이 난다. 노먼 커즌스는 《웃음의 치유력》에서 난치병에 걸려 통증으로 힘들었을 때 웃기는 영화와 유머에 관한 책을 읽은 경험이 얼마나 유익했는지를 말했다. 그는 웃다 보면 두세 시간 정도는 통증을 느끼지 못했다고 한다. 그리고 결국 그는 웃음으로 난치병을 이겨냈다.

유머와 웃음은 큰 치유력을 가지고 있다. 인생은 진지해야 하겠지만 그렇다고 해서 무겁게 살 필요는 없다. 매일 웃는 연습을 해보라. 병에 걸렸을 때는 몸과 마음을 동시에 치유하는 것이 좋다. 마음이 울적할 때는 몇 마디의 위로보다 한마디의 유머가 기분 좋게 할 수 있다. 유머는 상상력의 산물이다. 자녀에게 적절한 유머를 구사하다 보면 자녀 또한 유머를 즐기게 될 것이다.

부모가 병들면 자녀도 병이 들게 마련이다. 여기서 말하는 병이란 정신적인 것을 말한다. 부모가 마음의 병을 안고 살아가면 그것은 자녀에게 고스란히 투사된다. 따라서 당신에게 아픈 상처가 있다면 그것부터 치유해야 한다. 어린 시절 많은 상처와 열등감을 가지고 성장하여 결혼한 부부라면 수많은 상처들이 독소처럼 마음에 자리 잡고 있을 가능성이 크다. 이런 상처는 틈만 나면 자녀들에게 화풀이의 형태로 나타나게 된다.

열등감 연구의 권위자로 가토 다이조(加藤諦三)라는 일본인 심리학자가 있다. 그는 어린 시절 아버지로부터 항상 무시하는 말을 들으면서 마음에 큰 상처를 안고 살았다. 성인이 된 후 그는 심리질병 등을 연구하면서 아버지가 심한 열등감의 상처를 가지고 있었음을 알게 되었다. 아버지는 열등감이라는 자기 내면의 상처를 감추기 위해 아들을 무시하고 강하게 대했던 것이다. 가토 다이조는 아버지가 지닌 내면의 아픔을 이해한 후 비로소 그를 용서하게 되었다.

한국의 많은 아버지들은 강하고 센 척하는 경향이 있다. 유교의 가부장적인 특성에서 비롯된 것이겠지만 자신의 열등감을 감추려는 데에도 원인이 있을 것이다. 가슴속에 상처를 안고 있는 삶은 칼날을 품고 사는 것과 같다. 다른 사람에게도 상처를 주고 대물림된다. 그러니 마음이 아프면 빨리 치료해야 한다. 병원 치료와 함께 자존감을 바로 세우고, 자신에게 존귀한 말, 희망의 말, 능력의 말을 해주어야 한다.

배우자와 가족이 도와주면 효과적이겠지만, 그것조차 도움이 안 될 때도 있다. 가장 바람직한 것은 자신이 스스로를 치료하는 셀프 힐링이다. '나는 내가 좋다'라는 긍정적인 말을 많이 하고, 있는 모습 그대로를 수용해야 한다. 외모, 경제력, 능력 등을 있는 그대로 인정하고, 받아들이며, 그 안에서 성장과 발전을 꾀해야 한다.

모든 출발점은 항상 자신에게 있다. 주위를 둘러보고 다른 사람과 비교해보았자 답은 없다. 자기에게 상처를 주는 사람은 멀리하되 다른 사람들의 아픔도 이해하도록 노력해야 한다. 그리고 심각한 경우에는 전문가의 상담이나 도움을 받아야 한다. 육체의 질병이건 마음의 질병이건 조기에 치료하는 것이 중요하다.

이러한 문제를 오랫동안 방치하면 부부 간 갈등으로 번져 또 다른 마음의 병을 얻을 수 있다. 부부의 많은 문제 중 하나는 생각이 다른 데에 있다. 결혼 전에는 하나인 것 같던 생각이 결혼 후에는 점차 차이를 드러내게 된다. 이때가 중요하다. 우선 서로가 다르다는 것을 인정하고, 상대방이 귀한 존재임을 인식해야 한다. 억지로 맞추려 하기보다는 서로의 차이점을 인정한 후 대화를 통해 접점을 찾아 나가는 것이 중요하다.

대표적인 사례로 들 수 있는 것이 자녀교육이다. 자녀교육에 대한 부부 간의 생각은 당연히 다를 수 있다. 이를 기회 삼아 대화를 통해 좀 더 좋은 아이디어를 얻을 수도 있다. 서로가 최상의 아이디어가 아니라고 판단되면 '차선책'이나 '플랜B'를 도출할 수도 있을 것이다. 비록 지금 당장은 최선이 아닐지 몰라도 부부가 함께 내린 결론은 장기적으로 보면 최선의 답이 된다.

부부 간 대화에서는 항상 서로를 배려해야 한다. 자기 입장만 주장하면 갈등과 불평이 싹트게 마련이다. 따라서 상대방의 말이 더 타당할 수 있다는 역지사지의 생각으로 대화에 임해야 한다.

갈등이 심한 부부라면 '오늘 내가 무엇을 해주면 당신이 행복할까?'라고 생각해보라. 답은 의외로 "청소 좀 해주세요", "쓰레기 좀 버려줘요"와 같이 간단한 것일 수도 있다. 이런 질문을 매일 하다 보면, 신뢰가 회복되어 깊은 대화도 가능해진다. 시간이 갈수록 커보이던 단점이 사라지고 안 보이던 장점이 보이게 된다. 그러다 보면 칭찬으로 이어지게 된다.

중년 부부들의 경우 언어를 선택하거나 디자인해서 말하기를 귀찮아 하는 경향이 있다. 본론만 툭툭 말한다. 그러다 보면 말이 거칠어지고 말싸움으로 이어질 수 있다. 나이를 먹어도 존중받고 싶은 마음은 누구나 가지고 있다. 오가는 말을 통해 서로의 내적 의미를 이해하기 위해 노력해야 한다.

다음은 필자가 아내와 나눈 대화 중 일부다. 괄호 안은 상대에게 전하는 말의 의미를 나타낸다.

> 아내: 당신은 항상 다른 사람에게는 관대한데, 자신에게는 엄격해.(너무 겸손한 것도 문제야.)
>
> 나: 그게 뭐 어때서. 다른 사람에게 관대한 것은 그 사람이 그만큼 잘 하고 있기 때문이지.(다른 사람이 잘 하고 있는 것이 부러워.)

> 아내: 사업을 하려면 옷을 잘 입고 항상 미소를 지어야죠.(돈은 고객으로부터 와요. 옷에 신경 좀 쓰세요.)
>
> 나: 마음이 중요하지 옷차림이 중요한가?(나는 자유롭고 싶어.)

이처럼 배우자와의 대화 내용을 곰곰이 생각한 후 해석하면 숨은 의미를 파악할 수가 있다. 이렇게 하다 보면 다투려 하다가도 내면의 소리를 듣고 금세 이해하고 화해할 수 있다. 그러나 대화의 목적을 언쟁과 다툼을 줄이는 데만 두어서는 안 된다. 서로가 깊이 대화하면서 좀 더 좋은 가정을 만들고, 좀 더 좋은 부부가 되려는 데 목적을 두어야 한다.

가정에는 엄마 자리, 아빠 자리가 있다. 엄마나 아빠가 일찍 세상을 뜨면 그 자리는 자녀에게 너무나 큰 빈 공간이 된다. 청소년기에 이런 빈자리는 정체성 형성에 많은 어려움을 준다.

과거 우리나라에서는 여자가 결혼하면 아내로 살다가 자녀가 태어나면 곧 엄마의 자리로 이동했다. 그러다 보니 자녀가 독립하거나 결혼했을 때에야 비로소 자신의 정체성을 찾아 원하는 것을 하려 했다. 그러나 가장 이상적은 것은 결혼할 때부터 아내의 자리, 엄마의 자리, 자신의 자리를 균형 있게 설계하는 것이다. 남자의 경우도 다르지 않다. 생애 주기에 따라 균형 잡힌 인생 설계를 해야 한다. 한쪽 자리에 너무 치중하면 나중에 문제가 될 수 있다.

자녀가 행복하기를 원한다면 부부가 먼저 행복해야 한다. 그러기 위해서는 적절한 프로그램이 필요하다. 좋은 날이면 이벤트를 열고, 기념일이면 함께 여행을 떠나는 것 등 말이다. 그러면 더 좋은 시간을 함께 보내고 싶다는 동기가 부여된다. 함께 불우이웃을 돕거나 봉사를 하는 것도 좋다. 자녀는 부모의 이런 모습에서 많은 것을 배운다.

마음만 먹으면 부부 간에 해결하지 못할 일은 없다. 가지고 있는 고정관념이 있다면 생각을 바꾸면 된다. 생각을 바꾸면 둘 사이를 가로막은 거대한 벽을 무너뜨릴 수가 있다. 부부는 얼마든지 행복할 수 있고, 자녀를 위해서라도 행복해야 한다. 부부가 행복하면, 자녀의 행복은 자연스레 따라온다.

08
자녀교육의 본질에 충실하자

우리 한국인은 태초부터 자녀교육을 잘 하는 국민으로 태어났다. 앞서 말했지만 한국인은 70% 이상이 동그라미형 기질을 가지고 있다. 이 기질은 새로운 것에 호기심이 많고, 그냥 지나치지 않는 성향을 지니고 있다. 무엇 하나라도 제대로 알고 넘어가야 직성이 풀린다. 자녀와 대화를 잘 하기도 하고, 다투기도 잘 하며, 화해도 잘 한다. 이런 기질을 가진 한국인은 조금만 다듬으면 최고의 자녀교육 전문가가 될 수 있다.

그러기 위해 가장 먼저 다듬어야 할 것은 호기심의 대상이다. 자녀의 겉모습만 보려 하지 말고 마음을 헤아리는 쪽으로 그 대상을 바꾸어야 한다. 만약 자녀가 좋지 않은 일로 문제를 일으키거나 예기치 않은 행동을 할 때는 다음과 같이 3단계로 나누어 대응하면 효과적이다.

첫 번째 단계는 있는 그대로 받아주는 것이다. 야단을 치거나 혼내서는 안 된다. 그다음에는 왜 그런 행동을 하는지 파악하는 두 번째 단계로 넘어가야 한다. 이때는 감정이 누그러지는 시점을 기다려 조용히 물어야 한다. 가령, "무엇 때문에 그렇게 속상했니?" 하고 물어보는 것이다. 그러면 "친구가 나를 왕따시켰어요" 등과 같은 이유를 말할 것이다. 이때는 "이런, 많이 속상했겠구나. 그 친구가 잘못했네, 엄마가 혼내주어야겠다"와 같이 적극적으로 공감을 표해야 한다.

여기서는 정말로 혼내주는 것이 중요한 게 아니다. 공감을 표하는 맞장구가 중요한 것이다. 그러면 아이들은 대개 기분이 풀린다. 그러면 여기서 한 단계 더 나아가야 한다. "너는 그 아이랑 잘 사귀고 싶은 거구나. 그 아이의 어떤 점이 좋아?"와 같이 정말로 원하는 것을 파악해 질문해야 한다. 이를 통해 좋은 점을 찾아내 친구가 되는 방법을 스스로 찾도록 해야 한다.

부모의 호기심은 이처럼 겉으로 드러나는 행동보다는 마음속 깊숙이 자리 잡은 욕구에 관심을 두어야 한다. 앞서 언급했지만 한자로 생각할 상(想)은 나무 목(木)과 눈 목(目) 그리고 마음 심(心)으로 구성되어 있다. 자녀와의 관계에서는 눈으로 보고 마음까지 헤아려야 한다. 부모가 모두 심리학자가 될 필요는 없지만, 자녀의 마음만큼은 제대로 읽을 필요가 있다.

개성적인 자녀들에게 많은 부모들이 심리적 부담을 느끼곤 한다. 하지만 그것은 오히려 기회일 수도 있다. 개성적인 아이들은 상상력과 감수성이 뛰어나다. 작은 칭찬에도 힘을 내고, 사소한 질책이나 잔소리에도 마음이 상한다. 이들은 특히 칭찬에 목말라 있다. 따라서 칭찬과 긍정으로 키워야 한다. 잔소리와 훈계는 최소화하고, 필요하다면 적당한 날을 잡아 지혜롭게 해야 한다. 매일 하는 잔소리는 한창 자라나는 아이들에게 독이 될 수 있다.

요즘 아이들은 여러 가지 일을 동시에 잘 하는 멀티 플레이어다. 음악을 들으면서 공부하고, 게임 중계를 들으면서 문제를 푼다. 보기에는 산만하게 보이지만 여러 가지 일을 동시에 잘 한다. 물론 집중해서 하면 더 빨리, 잘 할 수도 있을 것이다. 따라서 되도록이면 지나치게 여러 가지 일을 한꺼번에 하지 않도록 지도하는 것이 필요하다.

최근 아이들은 예술 분야에도 재능이 뛰어나다. 그렇다고 해서 국어, 영어, 수학, 과학이 약하다는 뜻이 아니다. 이중 한두 개 과목을 유독 잘 하는 경우도 많다. 이런 아이들이야말로 미래 사회에 최적화된 인재들이다. 미래에는 예술과 인문학이 만나고, 인문학과 수학과 과학이 융복합된다. 문과와 이과가 통합되었지만 좀 더 다양한 융합도 요구된다. 대학에서 자유 전공과 넓히고 복수 전공의 폭을 넓혀야 하는 이유다.

새로운 기술과 시대의 변화로 인해 가정교육과 자녀교육과 학교교육이 모두 실험대에 오른 상황이다. 모두들 변화를 외치지만 어떻게 변화해야 할지 생각하면 막막하기만 하다. 디지털 인재를 키워야 한다고 주장하지만 어떻게 해야 하는지, 그 방법 또한 모르고 있다.

필자는 이 모든 시작점이 가정에 있다고 생각한다. 가정의 DNA에 따라 우리 아이들이 얼마든지 탄력 있게 미래에 대응할 수 있다고 믿고 있다. 아이들은 무한한 가능성과 잠재성을 가지고 있다. 가정은 아이들이 가진 가능성과 잠재성을 제대로 발현하도록 해주어야 한다. 이는 부모의 교육 여하에 따라 얼마든지 가능하다.

라틴어로 호모 에두칸두스(Homo Educandus)는 '교육적 인간'이란 뜻이다. 인간은 동물과 달리 교육을 통해 더욱 인간답게 성장하고, 존엄성을 가지게 된다. 교육의 본질은 라틴어 '에두케레(Educere)'의 '에두(Edu)', 즉 '내부에서 외부로 끌어내는(Draw Out)' 것이다. 그동안 우리는 외부의 많은 지식과 정보를 자녀에게 주입시켜 왔다. 그러나 진정한 교육은 자녀가 지닌 재능에 주목하고, 그것을 키워주는 데 있다. 자녀 내부에 있는 재능을 먼저 알아내 발현시키고, 이를 외부의 지식과 융합시킬 때 아이는 자신을 꽃피우게 된다.

그렇다면 어떻게 해야 자녀의 재능을 끌어낼 수 있을까? 가장 좋은 것은 질문을 하는 것이다. 적절한 질문을 하면 자녀는 스스로 답을 생각하고 찾아간다. 그 과정에서 사고의 폭이 넓어지고, 다른 것과도 연결하면서 융복합을 하게 된다. 또한 아이는 자신에게 질문하면서 성장하기도 한다. 그러면 자연스럽게 호모 에두칸두스로 자라게 된다.

미래에는 인간이 보다 인간다워야 기술과 잘 융합할 수가 있다. 그럴 때 인간의 존엄성과 자존감에 바탕을 둔 교육적 인간이 되어 막강한 기억력을 지닌 인공지능을 이겨낼 수 있다. 한국 교육의 열정은 세계 최고를 자랑한다. 그러나 이제 열정만으로는 안 된다. 방향이 올바르지 않으면 그 대가는 매우 심각할 것이다. 이제는 공부만 하는 아이가 아니라 생각할 줄 아는 아이로 키워야 한다. 상상, 창조, 혁신을 가능케 할 그런 아이로 키워야 한다.

감사와 충만함으로 이어졌던 책 쓰기의 여정!

책을 쓰는 내내 크게 두 가지를 신경 썼다. 하나는 독자의 마음을 헤아리는 것이고, 다른 하나는 좋은 글감을 찾아 이해하기 쉽게 푸는 것이었다. 처음에는 영어를 오래 가르친 탓인지 문장이 자꾸 영어식으로 써져 우리말로 자연스럽게 풀어 쓰는 것이 쉽지 않았다.

책 한 권이 나오기까지 정말 많은 분들의 도움이 컸다. 무엇보다 책을 쓸 수 있는 환경과 기회를 주신 하나님께 감사드린다. 가족에게도 감사하다. 아내는 "편하게 쓰세요. 버킷리스트 하나에 도전하는 셈 치세요"라며 출판사로부터 거절을 받을 때마다 힘들어 하는 나를 격려해주었다.

딸은 책을 쓰겠다고 결심한 첫날, 나를 서점으로 끌고가 어떤 책이 잘 나가는지 함께 둘러봐주었고 베스트셀러 몇 권을 사주었다. 그리고는 동네에 있는 대형 커피 전문점으로 데려가 "아빠, 집에서 아이디어가 떠오르지 않을 때는 여기 와서 써봐"라며 매장 전용카드를 만들어주었다. "아빠, 알지? 나는 아빠의 꿈을 밀어줄 거야"라는 말도 잊지 않았다.

아들은 책 출간 후 만들 유튜브 영상에 자막을 꼭 입혀야 한다며 프로그램을 사서 시연해 주었다. 또한 글 쓰는 데는 체력이 필요하다며 근육을 기르는 팔굽혀펴기, 스쿼트, 매달리기 3종 세트를 표로 만들어 엄마에게 주면서 매일 확인하도록 했다. 사위는 코로나 시국으로 매우 바빴지만 마음으로 응원과 지지를 보내주었다.

이외에도 감사할 분들이 참 많다 특히 남양주 강변성산교회 담임목사이자 KDM 부모교실 대표이신 김성길 목사님께 감사드린다. KDM 부모교실에서 3년여를 공부하면서 배운 내용들이 내 경험과 어우러져 책의 밑그림을 그리게 했다. '한국형 후츠파 정신'으로 "내가 왜 안 돼?"라고 호통치시던 류철랑 목사님과 그 정신을 네팔의 학교를 비롯해 대안학교인 153월드 크리스챤 스쿨을 설립함으로써 몸소 실천하고 계시는 류재상 목사님께도 감사드린다. 홈스쿨링을 하면서 대안교육에 관심이 깊은 윤영환 의사 선생님께도 감사드린다.

가치관이 흔들릴 때마다 좋은 책을 추천해 마음을 잡아주시던 미국인 IVP 문서선교사 안트워프 웨슬리(Antworf Wesley) 님에게도 감사드린다. 멀리 일본에서 책을 선물하며 응원해 주신 노데라 히로부미 목사님께도 감사드린다. 현직 교사로서 학교 현장의 현실을 알려주신 강혜민 선생님께도 감사드린다. 책 쓰기의 첫걸음을 떼게 해준 조영석 대표님, 원고에 대한 조언을 아끼지 않으신 김만성 작가님과 출판사 입장에서 조언을 해주신 이우희 대표님께도 감사드린다. 책을 세상에 나오게 해준 호이테북스/벗나래 출판사 김진성 대표님과 좋은 책을 만들기 위해 수고를 해주신 편집진과 디자이너 분께도 감사드린다.

이외에도 일일이 적지 못한 많은 분들께도 감사를 드리며, 천국에서 환한 미소로 기뻐하실 어머님과 아버님께 이 책을 올린다.

나는 어떤 부모인가? (부모 자기점검표)

(출처: KDM 부모교실)

다음은 'KDM 부모교실'의 것을 참고한 것이다. 다음의 질문들에 대해 답을 적어보자.

1. 자신에 대한 평가

① 자신을 어떻게 생각하고 있는가?

② 내면은 건강한가? 아픔을 겪고 있지는 않는가? 겪고 있다면 어느 정도인가?

③ 삶은 긍정적인가? 부정적인가?

④ 삶의 행복지수는 어느 정도인가? 그렇게 생각하는 이유는 무엇인가?

⑤ 꿈과 비전은 무엇인가?

2. 부부 간의 관계에 대한 평가

① 부부 간의 행복지수는 어느 정도인가?

② 소통지수는 어느 정도인가? 긍정적인 부분이 많은가? 부정적인 부분이 많은가?

③ 대화 시간은 어느 정도이고, 그 내용은 주로 어떤 것들인가?

④ 서로 단점을 많이 지적하는가? 장점과 좋은 점을 많이 찾아내서 지지하고 고마워하는가?

⑤ 자녀 앞에서 부부의 행동과 삶의 모습은 어떠한가?

3. 자녀에 대해 어느 정도 알고 있는가?

① 자녀의 장점 20가지를 적어보라.

② 자녀를 어떤 존재로 생각하는가?

③ 자녀의 꿈과 비전은 무엇인가? 자녀의 꿈을 100% 지지하는가? 아니면 자신의 꿈이나 물질적 가치로 다른 꿈을 강요하는가?

④ 자녀의 친구 이름을 얼마나 알고 있는가?

⑤ 취미, 특기, 음식, 대화 등 자녀가 가장 좋아하는 것과 싫어하는 것은 무엇인가?

⑥ 자녀의 마음은 건강한가? 아니면 어떤 아픔을 가지고 있는가?

⑦ 자녀의 대인관계는 어떠한가?

⑧ 자녀의 행복지수는 어느 정도라고 생각하는가? 그 이유는?

4. 자녀와의 관계는 어떠한가?

① 자녀와의 관계는 어떤 상태인가?

② 자녀와의 대화 시간은 매일 어느 정도이며, 주로 무슨 대화를 많이 하는가?

③ 자녀의 장점을 많이 보고 칭찬하는가? 아니면 단점을 더 많이 지적하고 야단치는가? 지지와 격려가 더 많은가? 지적과 꾸지람이 더 많은가?

④ 자녀의 잘못을 교육적으로 활용하는가? 아니면 감정적으로 야단치고 꾸짖는가?

⑤ 사춘기가 무엇인지 알고 있는가? 어떻게 대응하고 있는가?

⑥ 대화 방식이 지시와 강요와 명령에 가까운가? 아니면 자녀의 의견을 묻고 그의 의견을 더 존중하는가?

⑦ 자녀에게 사용하는 말은 어떠한가? 치유하는 말을 더 많이 하는가? 병들게 하는 말, 아프게 하는 말을 더 많이 하는가?

⑧ 자녀가 마음으로 아파할 때 어떻게 치유해주고 있는가? 아니면 더 아프게 하는가?

⑨ 자녀의 나타나는 부분만 보고 대하는가? 아니면 자녀의 감정과 원하는 본능을 이해하고 공감하며 대화하는가?

⑩ 마음의 휴식을 위해 자녀와 어느 정도의 시간을 어떻게 가지고 있는가?

5. 좋은 부모가 되기 위해 어떤 교육과 훈련을 받고 있는가?

① 자녀에 대해 늘 공부하고 있는가?

② 자녀와의 좋은 관계를 위해 어느 정도 책을 읽고 있는가?

③ 자녀와의 좋은 관계를 위해 유튜브나 세미나를 어느 정도 보고 참여하는가?

④ 자녀교육에 대해 받고 있는 교육이 있는가? 받거나 받아보았다면 그 내용은 무엇인가?

6. 자녀에게 어떤 교육을 시키고 있는가?

① 자녀에게 왜 교육을 시키고 있는가?

② 자녀교육에 대해 어떤 철학을 가지고 있는가?

③ 자녀에게 시키고 있는 교육은 무엇인가? 그 교육의 장단점은 무엇인가?

④ 자녀가 어떤 사람이 되기를 원하는가? 지금 시키는 교육이 그 목표에 어느 정도 부합하다고 생각하는가?

⑤ 자녀는 그 교육에 대해 어떤 반응을 나타내고 있으며, 수용 정도와 나타나는 성적은 어느 정도인가?

⑥ 지적재능(IQ)과 감성재능(EQ)에 대해 알고 있는가? 각각의 능력을 키우기 위해 어떤 교육이 필요하며, 또 참여시키고 있는가?

⑦ 영성지능(SQ)은 무엇이며 이것이 왜 중요하다고 생각하는가?

⑧ 인간 교육의 80%가 어디에서 이루어지고 있는지 알고 있는가?

⑨ 교육학의 정설 중 하나는 사람이 세상에 올 때, 천재로 오지만 세상에 와서 바보가 되어 간다고 하는 것이다. 그 이유가 무엇이라고 생각하는가?

⑩ 나의 자녀는 가지고 온 천재성을 개발하는 교육을 받고 있는가? 아니면 바보가 되어가는 교육과 환경을 가지고 있는가? 그 이유는 무엇이라고 생각하는가?

⑪ 나와 자녀에게 있어 성공과 행복이란 무엇인가?

7. 시대 흐름에 관한 일반 풀상식

① 자녀가 어떤 직업을 가졌으면 좋겠는가? 그 이유는 무엇인가?

② 4차 산업혁명이란 무엇인가?

③ 인공지능이란 무엇인가?

④ 소프트웨어는 무엇이고, 하드웨어는 무엇인가?

⑤ 게임에서 '득템', '렙업', '파티'와 같은 용어가 어떤 의미인지 아는가?

⑥ 코칭과 멘토링은 무엇이며, 그 차이는 무엇인가?

⑦ 컨설팅은 무엇인가?

⑧ 미래 시대에 적합한 인재상으로 어떠한 재능이 필요하다고 생각하는가?

⑨ 자녀가 공부하는 분야가 미래에 어떻게 될 것이라고 생각하는가?

⑩ 미래를 위해 가장 적합한 교육은 무엇이라고 생각하는가?

참고자료

- 강창래, 《재능과 창의성이라는 유령을 찾아서》, 알마, 2015.
- 게피 채프만 · 알린 펠리케인, 《스마트폰에 빠진 아이들, 어떻게 가르칠 것인가?》, 생명의말씀사, 2015.
- 김명락, 《이것이 인공지능이다》, 슬로디미디어, 2020.
- 김미경, 《김미경의 리부트》, 웅진지식하우스, 2020.
- 김성길, 《부모교육》, 《질문의 기술》 외, KDM.
- 김수연, 동아일보 2020년 7월 22일자, 〈수업 동영상 올리다 '먹통' 일쑤〉
- 김양재, 《문제아는 없고 문제 부모만 있습니다》, 두란노, 2016.
- 김영훈, 《공부의욕》, 베가북스, 2013.
- 김윤나, 《리더의 말그릇》, 카시오페아, 2017.
- 김종원, 《하루 한마디 인문학 질문의 기적》, 다산북스, 2020.
- 노경선, 《아이를 잘 키운다는 것》, 예담, 2007.
- 노먼 커즌스, 《웃음의 치유력》, 스마트비즈니스, 2007.
- 다니엘 앨트먼, 《10년 후 미래》, 고영태 옮김, 청림출판, 2011.
- 대니얼 길버트, 《행복에 걸려 비틀거리다》, 서은국 외 옮김, 김영사, 2006.
- 도미니크 오브라이언, 《기억의 법칙 25가지》, 들녘미디어, 2003.

- C. S. 루이스, 《인간 폐지》, 이종태 옮김, 홍성사, 2019.
- 마셜 밴 앨스타인 · 상지크 폴 초더리 · 제프리 파커, 《플랫폼 레볼루션》, 부키, 2017.
- 마크 파이크, 《C.S. 루이스의 순전한 교육》, IVP, 2017.
- 버트란트 러셀, 《행복의 정복》, 사회평론, 2005.
- L. S. 비고츠키, 《사고와 언어》, 교육과학사, 2011.
- 숀 아처, 《행복의 특권》, 청림출판, 2012.
- 애덤 그랜트, 《오리지널스》, 한국경제신문, 2016.
- 엘렌 에스 그레거멘, 장정인 옮김, 《내 안의 천재를 찾아라》, 북코프, 2008.
- 유기윤 교수 외, 《미래사회 보고서》, 라온북, 2017.
- 유발 하라리 외, 《초예측》, 웅진지식하우스, 2019.
- 윤혜식, 《클라우드》, 미디어샘, 2020.
- 이정현, 《심리학, 열일곱 살을 부탁해》, 걷는나무, 2010.
- 이지성, 《에이트》, 차이정원, 2019.
- 이혜정, 《대한민국의 시험》, 다산4.0, 2017.
- 장용 · 옌추진, 《양쯔강의 악어》, 강단, 2015.
- 정유신, 《중국이 이긴다》, 지식노마드 2018.
- 정재승, 《열두 발자국》, 어크로스, 2018.
- 제프 콜빈, 《재능은 어떻게 단련되는가?》, 부키, 2010.
- 조지 베일런트, 이시형 옮김, 《행복의 조건》, 프런티어, 2010.
- 존 맥스웰, 《당당한 리더로 키우는 청소년 리더십》, 비전코리아, 2001.

- KBS, 《공부하는 인간》, 예담, 2013.
- 켄 로빈슨, 《교육혁명》, 21세기북스, 2015.
- 테레자 보이어라인 · 샤이 투발리, 배명자 옮김, 《천재들의 생각법》, 새로운현재, 2016.
- 토니 부잔, 《토니 부잔의 마이드맵 두뇌 사용법》, 비즈니스맵, 2010.
- 트레이시 앨러웨이 · 로스 앨러웨이, 《파워풀 워킹 메모리》, 문학동네, 2014.
- 하워드 가드너, 《다중지능》, 웅진지식하우스, 2007.
- 한국교회 탐구센터, 《인공지능과 기독교 신앙》, IVP, 2017.
- 현용수, 《현용수의 인성교육 노하우》 외, 2008.
- 후쿠야마 마사노부, 박화 옮김, 《멘토링 노하우》. 제우미디어, 2008.
- Ben Carson, *Think Big*, Zondervan, 1992.
- Geoffrey Colvin, *Talent is overrated*, Portfolio, 2008.
- Harriet Salatas Waters, Wolfgang Schneider, *Metacognition, Strategy Use & Instruction*, Guilford Press. 2010.
- Howard Rachlin, *The Science of Self—control*, Harvard University Press, 2000.
- Jack Welch, *Winning*, Harper Business Publishers, 2005.
- John Amos Comenius, *The Orbis pictus of John Amos Comenius*, Alpha Editions, 1887.
- John Bevere, *Good or God?*, Messenger International, Inc. 2015.
- John Couch & Jason Towne, *Rewiring Education*, BenBella Books, 2018.

- John Gottman, *Raising an Emotionally intelligent child*, Simon & Schuster, 1997.
- Joseph Telushkin, *Words that hurt, words that heal*, William Morrow, 1996.
- Nick Powdthavee, *Happiness Equation*, Icon Books, 2011.
- Robert and Michele Root-Bernstein, *Sparks of Genius*, Houghton Mifflin Co., 1999.
- Scott Hartley, *The Fuzzy and the Techie*, Mariners Books, 2018.
- UNESCO, 〈Human decisions Thoughts on AI〉, 2018.
- William Glasser, M.D. Schools without failure, Harper & Row, 1975.
- Thea Zander, Michael Ollinger and Kirsten G. Volz, 〈Intuition and Insight: Two Processes That Build on Each Other or Fundamentally Differ?〉, 2006.
- 加藤諦三,《自信と劣等感の心理學 何があなたの中の自信を引き出すのか》, 大和書房, 2002.
- 인터넷 구글 사이트 외.

어떻게 미래 인재로 키울 것인가?

초판 1쇄 인쇄일 2022년 12월 10일
초판 1쇄 발행일 2022년 12월 15일

지은이 | 주기곤
펴낸이 | 김진성
펴낸곳 | 벗나래

편   집 | 허강 이선영
디자인 | 이은하
관   리 | 정보해

출판등록 | 2012년 4월 23일 제2016-000007호
주   소 | 경기도 수원시 장안구 팔달로237번길 37, 303호(영화동)
대표전화 | 031) 323-4421
팩   스 | 031) 323-7753
홈페이지 | www.heute.co.kr
전자우편 | kjs9653@hotmail.com

값 15,000원
ISBN 978-89-97763-48-1